Lama Tendar et Ani Dechen

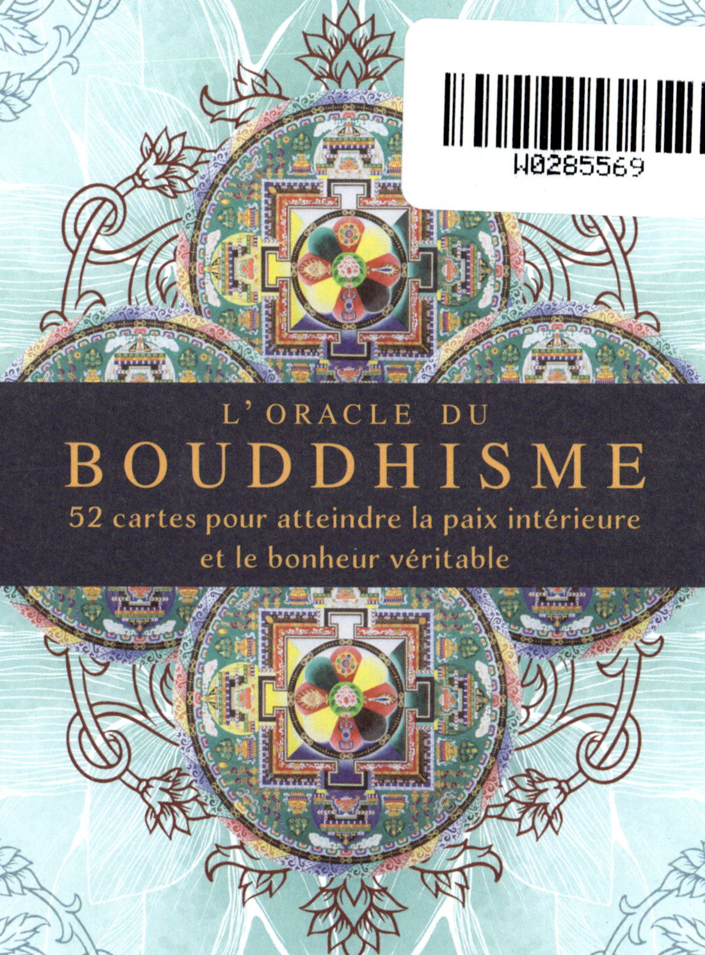

L'ORACLE DU

BOUDDHISME

52 cartes pour atteindre la paix intérieure et le bonheur véritable

Éditions **Médicis**

Titre original : *Buddhism. The Science of Peace & Happiness*
Publié pour la première fois par Blue Angel Publishing.
www.blueangelonline.com

10 Trafford Court
Wheelers Hill VIC 3150
Australie

Pour la traduction française :

19, rue Saint-Séverin, 75005 Paris
Traduit de l'anglais par Aurélie Montaut-Pernaudet.

ISBN : 978-2-38500-031-8

info@guytredaniel.fr
www.editions-tredaniel.com
www.facebook.com/tredanieleso
@tredaniel_eso

Imprimé en Chine

SOMMAIRE

INTRODUCTION

L'histoire de ce coffret

Maître spirituel hautement qualifié et expérimenté dans le champ du bouddhisme, le Vénérable Lama Tendar propose depuis plus de vingt ans des services de soins individuels et collectifs en Australie. Et depuis 2010, Lama Tendar dispense aussi diverses formations de guérisseur, telles que la thérapie sonore certifiée, la peinture sur mandala et la thérapie du bouddha médecin. Lama Tendar assure aussi un enseignement authentique et une guidance sur mesure auprès de praticiens en méditation de niveau avancé, lesquels sont très attachés à l'attention sincère qu'il porte à tous ses étudiants.

Ani Dechen pratique les thérapies naturelles depuis plus de quinze ans et assiste Lama Tendar dans l'enseignement et la préparation de ses supports de cours depuis une dizaine d'années.

À l'aimable invitation de Toni Carmine Salerno, Lama Tendar et Ani Dechen ont rassemblé dans ce coffret de cartes les conseils basés sur les enseignements bouddhistes qu'ils dispensent à leurs clients et qu'ils estiment les plus utiles. Ils forment le vœu que ce coffret devienne un compagnon utile dans votre cheminement pour faire émerger votre cœur aimant.

Par ces efforts, ils souhaitent également contribuer à générer une énergie positive et un état d'esprit épanouissant pour toute personne souffrant de diverses affections mentales telles que la dépression et l'anxiété, tout en offrant un soutien à leur famille et à leurs amis.

Au fil de ce manuel, vous rencontrerez des messages plus élaborés qui approfondissent les conseils donnés sur chacune des cartes. Dans cette introduction, nous vous offrons quelques suggestions quant à la manière de travailler avec ce coffret. En outre, ce manuel vise à vous transmettre des connaissances de base pertinentes quant aux enseignements bouddhistes susceptibles de vous procurer sagesse et protection tout au long de votre cheminement spirituel.

Puissiez-vous profiter d'une vie épanouissante !

PREMIÈRE PARTIE

CONNAISSANCES DE BASE DES ENSEIGNEMENTS BOUDDHISTES

Les enseignements bouddhistes offrent une science précise quant à la manière de se libérer de la souffrance liée au vieillissement, à la maladie physique et mentale, et à la mort – et d'atteindre ainsi le véritable bonheur de l'illumination totale. Il s'agit d'une science car on parle là d'une connaissance fondée sur des preuves. Elle est précise parce qu'elle se fonde sur des méthodes de raisonnement spécifiques, utilisant des observations précises et exhaustives de l'esprit et de ses créations.

Comment atteindre le véritable bonheur ?

Le Bouddha nous a enseigné que pour que tous les êtres sensibles atteignent le bonheur véritable, une première étape consiste en l'observation adéquate de la souffrance et de sa cause.

Les sensations de douleur physique et mentale sont facilement observables et correspondent typiquement à ce que nous identifions comme la souffrance. Les sentiments de bien-être physique et mental, en revanche, fondent ce que nous appelons le « bonheur ». La plupart de nos efforts quotidiens dans la quête du bonheur sont consacrés à l'acquisition de ce qui nous procure ce sentiment d'aisance.

Le Bouddha, cependant, nous a appris que ce sentiment d'aise découle du soulagement de sensations douloureuses et qu'il s'agit donc d'un bonheur conditionné, plutôt que d'un bonheur véritable. Par exemple, le fait de s'asseoir procure une sensation d'aisance au niveau des jambes si l'on est resté longtemps debout. Il s'agit d'un bonheur conditionné plutôt que d'un bonheur véritable, car être assis devient une souffrance si l'on reste assis trop longtemps. Diriger tous nos efforts vers l'acquisition de ce qui nous procure un sentiment d'aisance mentale et physique constitue donc un effort vain pour atteindre le bonheur véritable.

Le Bouddha nous a enseigné que pour connaître le bonheur véritable, il faut accéder à un corps et à un esprit qui ne souffrent pas, c'est-à-dire un corps de bouddha. Le corps d'un être sensible, tel qu'un humain ou un animal, est sujet au vieillissement, à la maladie physique et de l'esprit, et à la mort.

Qu'est-ce qui détermine donc le type de corps dans lequel un être sensible naît ? C'est le karma. Le karma est une action – mentale, verbale ou physique. Une action génère forcément des effets dont l'auteur fera l'expérience dans le futur. Il est donc très important de connaître les effets de nos actions. Nous devrions effectuer des recherches approfondies à ce sujet en nous basant sur notre propre expérience et en observant celle d'autres personnes. Par exemple, si quelqu'un effectue un exercice de musculation spécifique pendant dix minutes chaque jour et se nourrit d'aliments riches en protéines, au bout de trois mois environ, certains effets particuliers se feront sentir. Sa musculature va manifestement se développer. Si l'on observe attentivement, on constatera que chaque mouvement pendant les séances d'exercice compte. Si la personne fait travailler une chaîne musculaire d'un côté plus que d'un autre, un déséquilibre entre les deux côtés du corps finira par apparaître.

De même, si nous tenons des propos agréables ou bien désagréables à un ami, nous obtiendrons de lui une réponse différente. Si nous avons visualisé une image pendant la méditation, cette image nous apparaîtra facilement à l'esprit.

Après avoir établi, par une observation approfondie, que nous sommes tenus d'expérimenter les effets de chaque action mentale, verbale et physique que nous avons accomplie, il s'ensuit qu'il y aura une autre existence une fois que nous aurons disparu de cette vie. Puisqu'il n'est guère possible d'avoir expérimenté les effets de chacune des actions que nous avons accomplies avant notre mort – comme les pensées générées à notre esprit ou prononcées au moment de la mort –, nous allons nous réincarner afin d'expérimenter les effets des actions passées que nous n'avons pas encore vécues. Le type de corps dans lequel nous renaîtrons dépend donc des actions que nous avons accomplies par le passé.

Le Bouddha a appris à ses disciples à observer le fait que les actions vertueuses apportent un bonheur futur et que les actions non vertueuses entraînent une souffrance future pour leur auteur.

Actions vertueuses et non vertueuses

Les actions vertueuses sont des actions mentales, verbales et physiques réalisées lorsqu'au moins un facteur mental vertueux est présent à notre esprit, tel que la compassion. Les actes vertueux nous procurent des conditions futures favorables, avec un entourage qui se montrera plus enclin à nous offrir de l'aide.

Les actes non vertueux, en revanche, sont des actions mentales, verbales et physiques accomplies alors que des facteurs mentaux non vertueux sont présents à notre esprit – par exemple, l'avarice, la colère ou la jalousie. Ces actions entraînent pour leur auteur des conditions futures défavorables : plus d'obstacles et moins d'aide. Le fait de naître dans un corps voué à la souffrance relève donc de la résultante d'actions non vertueuses que l'on a accomplies dans le passé.

À la racine de tous les facteurs mentaux non vertueux, on trouve l'ignorance de la nature de l'existence de tous les phénomènes, en particulier de la nature de l'existence du « moi ». Cette ignorance conduit à une mentalité égocentrique ou égoïste. Avec une telle attitude, tout et tout le monde seront perçus selon le jugement que « telle chose peut m'être bénéfique » ou non. Une telle mentalité donne facilement lieu à des actions néfastes envers autrui, et donc à l'accumulation d'un karma négatif, ce qui mène à une réincarnation défavorable.

La nature de l'esprit

L'opposé de l'esprit non vertueux, c'est l'esprit altruiste d'un bouddha qui perçoit tous les êtres sensibles comme parfaitement égaux – tous aussi chers à son cœur que s'il s'agissait de son enfant unique. Cette mentalité de grande empathie se fonde sur la sagesse de l'équanimité envers tous les êtres sensibles. Le bouddha voit l'équanimité en tout être sensible parce que l'esprit du bouddha demeure toujours dans l'état naturel qui transcende les formes, les pensées, les sentiments, les habitudes et la conscience.

Avec une telle perception, le bouddha répond à l'appel de chaque être sensible dans la souffrance, avec une bonté et une générosité inconditionnelles. En conséquence, il accumule une quantité incommensurable de mérites qui sont la source de tous les bonheurs et de toutes les réalisations.

Quel est donc cet état d'esprit naturel ? L'état naturel de l'esprit est comme une grande étendue, sans limites ni centre, mais avec la capacité de s'élever dans n'importe quelle forme en suivant n'importe quelle intention. C'est l'esprit en soi. Il est simultanément, et de manière indissociable, connaissance et lumière (énergie). À ce niveau, tous les phénomènes sont égaux car ils sont tous des formations de l'esprit. C'est l'esprit avant que le moindre concept n'émerge et ne soit formulé. Cet état d'esprit naturel, d'origine, c'est le germe de la bouddhéité en chacun de nous. C'est le Corps de Vérité naturelle d'un bouddha.

Cet état d'esprit naturel est pur et innocent et ne peut être entaché ou marqué de façon permanente. Laisser une empreinte sur l'esprit, c'est comme écrire sur de l'eau. La marque commence à disparaître dès qu'elle est apposée. Même les marques plus profondes résultant d'actions répétées ou habituelles peuvent disparaître complètement dès l'arrêt de l'action. C'est pourquoi une habitude peut toujours être modifiée, évoluer.

Notre expérience quotidienne de l'esprit se résume à une infinité de pensées et de sentiments. Cependant, les pensées et les sentiments ne sont pas l'esprit. Il s'agit de formations de l'esprit. Les êtres sensibles sont tellement absorbés par ces pensées et ces sentiments que nous ne parvenons pas à reconnaître l'esprit en lui-même. C'est comme si nous étions constamment entraînés dans les hauts et les bas émotionnels d'un film, puis du film suivant, et que nous avions cessé de remarquer qu'il s'agissait de scénarios projetés sur un écran.

Nous sommes donc très éloignés de la réalité de l'équanimité, mais nous prenons constamment le parti de tel ou tel personnage dans le monde fictionnel des films. Une fois que nous avons pris parti, les actions suivent. Nous sommes alors en conflit avec d'autres êtres sensibles qui ont pris le parti d'autres personnages. Le karma négatif s'accumule alors, nous liant tous à la renaissance sans fin de la souffrance découlant de ces actions.

Apprendre de l'exemple du Bouddha

Dès lors, comment se libérer de l'emprise du karma négatif? Nous avons la chance de pouvoir suivre l'exemple du Bouddha Shakyamuni. Le Bouddha Shakyamuni, un prince indien, vivait il y a plus de deux mille cinq cents ans. Il a trouvé un chemin permettant d'échapper aux illusions déroutantes et à l'emprise du karma négatif, et a atteint la pleine illumination.

Dans les enseignements du *mahayana*, le Bouddha Shakyamuni indique que pour atteindre le bonheur ultime du plein éveil, il est nécessaire de renoncer aux intentions bassement matérielles de n'acquérir qu'un bonheur de l'instant pour soi-même, et les remplacer par l'intention d'atteindre le plein éveil pour le bénéfice de tous les êtres sensibles. Cette aspiration éclairée constitue l'intention la plus importante à cultiver pour qui se met en quête du véritable bonheur.

Si, à partir de maintenant, la seule intention que l'on ait jamais formulée était d'accéder au plein éveil pour le bénéfice de tous les êtres sensibles, alors on cesserait complètement d'accomplir des actions non vertueuses et l'on n'accomplirait que des actions vertueuses. Cela signifie que l'on cesserait d'accumuler les causes de la naissance dans un corps voué à la souffrance, et que l'on accumulerait au contraire les causes d'une naissance dans le corps éclairé d'un bouddha. Les actions non vertueuses qui ont déjà été accomplies dans le passé seront purifiées afin que les conditions défavorables qu'elles auraient entraînées dans le futur puissent être surmontées. (De plus amples développements quant au karma vous seront présentés plus loin dans cette introduction.) Comment un être sensible habitué à un comportement égocentrique peut-il se transformer en un être à la motivation altruiste? La réponse est aussi simple que de s'en tenir à un entraînement sportif. Parce que nous ressentons les effets de chaque action que nous accomplissons, tout ce que nous pratiquons s'améliore avec le temps.

La bonne nouvelle, c'est qu'il n'est pas nécessaire d'attendre d'avoir atteint l'illumination pour en tirer profit. Chaque action compte. Chaque fois que nous accomplissons une action avec une motivation éclairée présente à notre esprit, nous créons une cause pour que des conditions favorables se présentent un jour ou l'autre. La vie devient de plus en plus belle si nous nous entraînons constamment à choisir des actions vertueuses plutôt que des actions non vertueuses pour chaque sujet sur lequel nous avons prise.

Comment s'entraîner à atteindre l'aspiration éclairée? Le Bouddha Shakyamuni a laissé pas moins de 84 000 méthodes d'entraînement adaptées aux êtres sensibles possédant toutes sortes de dispositions mentales. Toutes ces méthodes mènent finalement au bonheur ultime. Un grand nombre d'entre elles sont consacrées à l'entraînement à l'aspiration éclairée. Nous reviendrons plus en détail sur ce sujet dans la section suivante.

La connaissance et la pratique de la voie vers le plein éveil, et le résultat final qui en découle, sont les causes qui donnent naissance au Corps de Sagesse et de Vérité d'un bouddha. Le karma positif résultant des actions vertueuses menées au profit de tous les êtres sensibles constitue la cause qui donne naissance aux corps de forme d'un bouddha – le Corps de Réjouissance, qui est fait de lumière purifiée que seuls les êtres dotés de Corps de Lumière sont capables de voir, et le Corps d'Émanation, qui peut être vu par les êtres sensibles ordinaires tels que nous. Ces trois corps, plus le Corps de Vérité naturelle mentionné précédemment, constituent les quatre corps d'un bouddha pleinement éveillé.

Doté d'une sagesse totale dans la perception de la réalité, d'une connaissance totale de la manière de transcender l'ignorance originelle et toutes les souffrances qu'elle engendre, ainsi que de mérites aussi vastes qu'un océan, un bouddha pleinement éveillé est donc toujours libre de tout type de souffrance.

Les intentions de nos vies bassement matérielles conduisent à naître dans des corps voués à la souffrance, tandis que les intentions altruistes conduisent à la naissance au sein des corps parfaits d'un bouddha, exempts de souffrance. Pour accéder au bonheur véritable, il faut donc commencer par formuler une aspiration éclairée au sein de notre esprit.

Comment cultiver l'aspiration éclairée ?

L'entraînement bouddhiste de l'esprit ne consiste pas à faire faire à l'esprit telle chose ou telle autre. Il s'agit d'un cheminement dont l'objectif est de découvrir les véritables voies menant au vrai bonheur.

Dans la dernière section, nous exposons les raisons pour lesquelles, selon les enseignements du *mahayana*, atteindre le plein éveil constitue le moyen de parvenir au bonheur ultime, et la clé pour progresser vers cette destination est de générer une aspiration éclairée. Les enseignements du *mahayana* conviennent à ceux qui cherchent non seulement à se soulager de leur souffrance, mais aussi à soulager autrui des souffrances liées au vieillissement, à la maladie et à la mort.

Dans cette section, nous examinerons les méthodes permettant de cultiver l'aspiration à atteindre le plein éveil pour le bénéfice de tous les êtres sensibles.

À petits pas

La bonne méthode pour générer une telle aspiration n'est pas de forcer notre esprit à renoncer à l'égoïsme et à croire en l'illumination. Il s'agit plutôt d'un processus de quête approfondie visant à déterminer laquelle de ces deux mentalités procure de véritables bénéfices. C'est un processus qui comporte de nombreuses étapes avant que l'esprit ne parvienne à fonctionner spontanément dans une posture d'accès à la pleine illumination.

À un niveau basique, notre esprit est habitué à une mentalité égocentrique, en quête de toujours plus de richesses matérielles, de louanges, de pouvoir ou de statut social, ainsi qu'à des plaisirs sensuels pour nous-mêmes et nos proches. Cependant, au plus profond de nous, nous possédons tous la graine de Bouddha – l'état d'esprit naturel. Par conséquent, même si nous ne pouvons pas nous empêcher d'entretenir des motivations égoïstes, nous admirons vraiment les comportements altruistes. Notre esprit s'adoucit lorsque l'on nous traite avec une grande compassion.

Le point de départ consiste donc à faire un petit pas et à essayer. Essayez d'offrir une petite aide à quelqu'un – dans la mesure de vos capacités, sans raisons égoïstes, mais avec un élan sincère et désintéressé envers l'autre personne – et observez ce que vous ressentez.

Si vous le faites déjà souvent et que vous ressentez la confiance inhérente à toute personne compatissante, il est temps de contempler les bonnes raisons de cultiver l'aspiration éclairée et de renoncer à une mentalité égocentrique ou d'égoïsme.

Équanimité

Tout d'abord, l'aspiration éclairée se fonde sur l'équanimité de tous les êtres sensibles, tandis que la mentalité égoïste repose sur la priorité que l'on accorde à soi-même et à ses proches face à tous les autres.

Voici quelques-unes des raisons qui font que tous les êtres sensibles sont égaux :

- Tous les êtres sensibles possèdent le même état d'esprit naturel qui ne peut être entaché de façon permanente.
- Tous les êtres sensibles possèdent la graine de la compassion.
- Tous les êtres sensibles éprouvent du bonheur sous la forme d'un sentiment de bien-être mental et/ou physique.
- Tous les êtres sensibles fuient la souffrance en termes de sensation de douleur mentale et/ou physique.
- Tous les êtres sensibles subissent les effets de leurs actions vertueuses et non vertueuses.

Les bonnes raisons de cultiver une aspiration éclairée sont donc nombreuses.

Compassion pour tous

En outre, si l'on établit, par une observation approfondie, que chaque action génère des effets dont l'acteur fera l'expérience en temps voulu, alors on doit accepter la position selon laquelle il existe un cercle sans fin de naissance, de vieillissement et de mort ; car il se peut que nous ne finissions jamais d'expérimenter les effets de toutes les actions passées avant la fin d'une vie. Il s'ensuit que tous les êtres sensibles - même ceux que nous considérons actuellement comme des ennemis - ont pu être nos parents, nos frères et sœurs, nos enfants, nos meilleurs amis et nos proches dans une vie antérieure. Ceux que nous aimons tendrement dans cette vie pourraient renaître sous la forme de n'importe quel être sensible après leur mort. Par conséquent, il est absurde d'exclure tout être sensible de notre amour et de notre compassion, même nos ennemis.

Si nous pensons : « Il y a tant de gens que je ne connais pas et avec lesquels je n'ai rien en commun. Pourquoi devrais-je travailler à leur bénéfice ? », réfléchissez-y à deux fois. Les vêtements que nous portons, qui les a transportés de l'usine au magasin ? Qui les a fabriqués ? Qui les a conçus ? Qui a fabriqué le tissu utilisé pour les confectionner ? Qui a planté le coton qui a servi à cette fabrication ?

Appliquons ce raisonnement à tous les objets pratiques dont nous jouissons au quotidien : logement, nourriture, voitures, etc. Derrière chacun d'entre eux se trouvent des personnes dont nous ne savons rien et dont nous pensons qu'elles ne nous seront jamais utiles.

Nous pourrions objecter que nous avons payé pour tous ces biens et services, mais réfléchissez-y : d'où vient notre argent ? C'est grâce à la bienveillance de clients ou confrères que nous le gagnons, cet argent. Il est donc logique d'inclure tous les êtres sensibles dans notre amour et notre compassion.

En effet, chaque jour qui nous est donné de vivre, notre propre vie est sauvée – par nos parents et les personnes qui s'occupent de nous lorsque nous sommes jeunes et par tous ceux qui nous permettent de nous nourrir, nous habiller, nous loger, etc. C'est donc la moindre des choses que de consacrer notre vie à œuvrer avec diligence pour leur bénéfice. Que pouvons-nous donc faire pour veiller à leur intérêt ? Quels sont leurs besoins ?

Le bonheur pour tous

Ils ont besoin de bonheur véritable. Ils ont besoin d'un réel soulagement de la souffrance que représente le cycle sans fin de la naissance, du vieillissement, de la maladie et de la mort. En quoi puis-je les aider? Comment puis-je les libérer de cette souffrance sans fin liée au vieillissement, à la maladie et à la mort? Seulement en atteignant la pleine illumination. Ce n'est que si j'accède à l'état d'éveil complet d'un bouddha que je serai en mesure de guider les gens sur la bonne voie, vers le véritable bonheur de l'éveil. Par conséquent, je dois fermement formuler une aspiration éclairée et travailler au bénéfice de tous les êtres sensibles. Telle est la bonne raison de générer une aspiration éclairée. À ce stade, reposez votre esprit dans l'état vertueux généré par ce raisonnement et profitez de cette douce bénédiction.

Si vous vous livrez à cette contemplation tous les jours et que vous pratiquez la bonté envers autrui autant que vous le pouvez, votre niveau d'énergie s'élèvera et votre cœur deviendra plus ouvert et plus joyeux. Les gens trouveront votre compagnie plus agréable. Plus important encore, vous accumulerez davantage de causes de bonheur véritable pour l'avenir.

Doutes et régénération

Jusqu'à ce stade, même si votre esprit a accepté la position selon laquelle l'aspiration éclairée s'avère supérieure à la mentalité égoïste pour ce qui est de vivre une vie épanouie, il se peut que vous ayez encore quelques doutes. Par exemple, vous pouvez vous dire: « J'ai été compatissant avec tout le monde, et cela me fatigue terriblement. Je ne veux plus penser qu'à moi. »

En vue de développer pleinement un esprit éclairé, il est nécessaire d'enquêter de manière approfondie sur ces cas. La compassion est-elle fatigante? La réponse est non. En effet, travailler pour des raisons égoïstes peut aussi s'avérer lassant. La cause directe de notre fatigue, c'est de ne pas savoir quand se reposer ni comment se ressourcer.

Le Bouddha Shakyamuni est devenu très puissant parce qu'il a élargi sa capacité à faire le bien auprès de tous les êtres sensibles. Il est passé du statut de prince à celui de Bouddha pleinement éveillé. Toute l'idée de l'aspiration à l'éveil consiste à se donner les moyens d'agir, d'accroître ses propres capacités afin de devenir capable d'amener tous les êtres sensibles à l'état de plein éveil.

En fait, lorsque l'esprit se trouve dans un état vertueux, l'énergie du vent au sein de notre corps s'avère positive et nourrissante. Ainsi, la contemplation de l'aspiration éclairée elle-même devient la source suprême d'énergie positive. On se sent fatigué lorsque l'esprit se détourne de la grande compassion et retombe dans la mentalité de gratification de soi avec des images négatives quant à notre propre corps. L'attitude correcte pour la régénération découle de l'intention éclairée de l'émancipation : « Je me dois de devenir plus sain, physiquement et mentalement, afin de pouvoir travailler correctement au profit de tous les êtres sensibles. »

La différence étant que, avec cette attitude d'émancipation, l'esprit conserve une image positive de soi tendant vers plus de saines attitudes ; tandis qu'avec une attitude d'apitoiement, l'esprit entretient une image négative de son propre corps saturé de souffrance et de fatigue. L'esprit étant lui-même pur et innocent, quelle que soit l'image que nous avons de nous-mêmes, c'est elle qui nous façonnera. C'est pourquoi il est bénéfique de visualiser l'image vertueuse d'un bouddha et de contempler l'aspiration éclairée d'un bouddha pendant la méditation. Cela constitue un moyen efficace de se ressourcer.

On peut aussi douter en se disant : « Si je porte autant d'attention au bien-être d'autrui et que je n'essaie pas de m'occuper de moi, comment puis-je être heureux ? Où est ma place ? »

La réponse est qu'avec une mentalité égocentrique, on ne peut pas atteindre l'objectif de se rendre heureux. Les objectifs prosaïques du bonheur ne consistent qu'à accumuler davantage de richesses matérielles et à acquérir un statut social plus élevé afin de pouvoir jouir de choses plus agréables dans la vie et d'obtenir ainsi l'admiration d'autrui. Toute action dictée par ces motivations triviales est vouée à s'attirer de plus en plus d'inimitiés par la jalousie et les conflits d'intérêts, et à repousser les amis vertueux. Avec de moins en moins d'occasions d'accomplir des actions vertueuses, nos mérites s'épuisent rapidement et nous sombrons dans la détresse.

Au contraire, si l'on aspire à l'illumination, on se consacre à travailler au bien-être d'autrui. Les actions conduites par une motivation aussi pure sont vouées à générer de plus en plus d'amis vertueux et à éloigner ceux qui le sont moins. En multipliant les occasions d'accomplir des actions vertueuses, on assure son propre bonheur futur. C'est au nom du bien-être de chaque être sensible que le Bouddha a recommandé d'œuvrer à l'éveil de tous les êtres sensibles, car c'est ainsi que l'on accède au bonheur véritable.

Une autre attitude douteuse pourrait se résumer ainsi : « L'illumination, c'est merveilleux, mais c'est tellement exagéré par rapport à mes humbles objectifs dans la vie. Je n'ai jamais pensé que je pourrais accéder à l'illumination. » Dans ce cas, la bonne question à se poser serait la suivante : « Ai-je réussi à atteindre mes humbles objectifs de bonheur dans la vie ? »

La réponse sera, bien sûr, non. Nous voulons être en bonne santé et, parfois, nous parvenons à nous remettre d'une maladie. Mais une autre maladie ne tarde pas à nous frapper. Il semble que nous soyons toujours en train d'essayer de nous sortir d'un état physique ou mental après l'autre ou d'essayer de ne pas tomber dans telle ou telle pathologie. C'est parce que notre mentalité égocentrique détermine que nos efforts pour atteindre le bonheur ne seront pas fructueux en raison du manque de mérites, comme nous l'avons vu plus haut.

Les efforts considérables nécessaires pour repousser les souffrances les unes après les autres, s'ils sont appliqués correctement à la bonne cause, peuvent certainement nous apporter plus de bonheur au fil du temps, au fur et à mesure que nous nous rapprochons du bonheur ultime.

Le bonheur

Qu'est-ce que le vide ? Le vide n'est pas le néant. Le vide se définit comme ce qui est « libre de toute nature intrinsèque ». Par exemple, une grande table de salle à manger n'est pas intrinsèquement une grande table de salle à manger, car elle peut également être utilisée comme un grand plateau d'exposition pour des œuvres d'art ou même comme un lit confortable en cas de besoin. Ce qu'elle est dépendra d'un contexte spécifique. Par exemple, le jour de Noël, lorsque toute la famille est réunie pour le festin, il s'agit d'une grande table à manger. Pendant les vacances scolaires, il peut s'agir d'un grand bureau pour les activités artistiques des enfants. Si elle est par nature une grande table de salle à manger, alors elle ne peut être utilisée que comme une grande table de salle à manger et rien d'autre, ce qui n'est évidemment pas vrai. Le fait est que l'on peut utiliser cette grande table de la salle à manger à de multiples fins. Elle n'est donc pas intrinsèquement une table de salle à manger. Autre exemple : une personne ne possède pas de nature intrinsèque. Si nous disons qu'une personne a la qualité intrinsèque d'être colérique, alors nous disons que cette personne est en colère à tout moment, en tout lieu et envers toute personne. Ce n'est évidemment pas vrai. Même si une personne crie de colère au moins une fois par jour, il y a toujours une grande partie de la journée où elle ne pousse pas de cris de colère – lorsqu'elle savoure son plat préféré ou qu'elle est en compagnie de la personne qu'elle préfère, par exemple.

Il n'est pas fondé de déduire de quelques crises de colère que la nature d'une personne est intrinsèquement colérique. Il est incorrect de juger quelqu'un comme étant toujours en colère à partir d'incidents ponctuels d'accès de colère. En réalité, la personne se met en colère dans certaines situations, avec des causes et des conditions particulières.

En raison de la nature de l'esprit, ce qui a mis quelqu'un en colère hier peut ne plus le mettre en colère aujourd'hui. Nous sommes capables de changer d'avis, aussi têtus que nous puissions paraître. Par conséquent, personne n'a pour nature intrinsèque d'être colérique. Pour les mêmes raisons, on ne peut nous attribuer aucun autre trait de caractère intrinsèque définitif. En fait, nous évoluons sans cesse en tant que personnes, et nous sommes façonnés par nos expériences. En d'autres termes, notre esprit peut être entraîné à remplacer les habitudes non vertueuses par des habitudes vertueuses. Nous sommes donc capables d'atteindre la pleine illumination.

Le vide, c'est le véritable mode d'existence des personnes et des objets. L'ignorance de ce véritable mode d'existence constitue la cause première de toute souffrance. Si nous jugeons, à partir d'un accès de colère, qu'une personne est intrinsèquement colérique, nous adopterons une attitude négative envers cette personne et générerons un karma négatif à son égard. Si nous considérons un incident comme un incident et que nous traitons la personne avec la bienveillance aimante de la compréhension, nous générerons un karma positif.

De même, si nous nous jugeons intrinsèquement incapables de compassion à la suite d'une tentative ratée d'aider autrui, nous n'acquerrons jamais cette qualité intérieure. Si nous considérons cette tentative comme un échec, nous sommes ouverts à d'autres tentatives plus positives, qui conduiront finalement à une qualité intérieure de compassion pleinement développée – l'illumination.

La compassion pleinement développée trouve son assise dans la sagesse du vide. Si nous percevons les êtres sensibles comme ayant une nature intrinsèque, alors les êtres sensibles ne sont pas égaux – ceux qui sont mauvais le seront pour toujours, et nous devrions donc toujours les éviter ; ceux qui sont bons le seront pour toujours, et nous devrions donc essayer de toujours en être proches. Sans équanimité, il n'est guère possible de faire preuve d'amour envers tous les êtres. Ce n'est que lorsque nous percevons les incidents comme des incidents – et les êtres sensibles comme étant dépourvus de qualités intrinsèques et donc capables de modifier leur comportement – que nous arriverons à atteindre un esprit altruiste.

Par conséquent, le vide signifie que les êtres sensibles et les objets sont dépourvus de nature intrinsèque. Cela ne signifie pas qu'il n'existe pas d'êtres sensibles et/ou qu'il n'existe pas d'objets. Cela signifie que le véritable mode d'existence est que nous sommes en constante évolution, façonnés par les actions que nous choisissons d'accomplir à chaque instant. Autrement dit, si nous nous habituons à choisir d'agir conformément à l'aspiration éclairée, nous avons la possibilité de changer et d'évoluer vers la perfection du plein éveil.

Comment purifier un karma négatif?

Grâce à une perception correcte de la réalité, nous sommes en mesure de progresser pour cultiver notre aspiration éclairée. Cela augmente nos chances de choisir des actions vertueuses pour chaque question à traiter. Cependant, qu'en est-il des actions non vertueuses que nous avons déjà accomplies par le passé ? Elles se manifestent aujourd'hui sous forme d'obstacles et d'obstructions mentales, rendant difficile la jouissance des fruits généreux de notre karma vertueux et l'accomplissement d'autres actions vertueuses. Elles nous conduisent sur le mauvais chemin, celui de la souffrance. Comment faire face à ces obstacles ?

Le karma négatif peut se purifier en appliquant quatre pouvoirs :

1. le pouvoir de la reliance ;
2. le pouvoir de la confession ;
3. le pouvoir de se détourner des fautes ;
4. le pouvoir de l'application des remèdes.

Le pouvoir de la reliance

Le premier pouvoir consiste à s'appuyer sur une force puissante et vertueuse pour se protéger, par exemple les Bouddhas et leurs disciples. Le karma négatif agit en créant des situations auxquelles nous nous sentons obligés de réagir en choisissant des actions non vertueuses. Nous avons donc besoin de l'aide puissante d'un bouddha ou d'un praticien de haut niveau des enseignements bouddhistes pour nous montrer comment nous libérer de l'illusion en soulignant les faits, ou en nous indiquant où et comment nous avons vu les choses de manière erronée.

Le pouvoir de la confession

Le deuxième pouvoir vient de la révélation de chaque action non vertueuse que nous avons accomplie, en direction de la force vertueuse sur laquelle nous avons choisi de nous appuyer. Plus nous contemplons les effets négatifs des actions non vertueuses, plus notre regret est profond et plus l'action de purification est efficace. Si, après avoir accompli une action non vertueuse, nous la regrettons immédiatement, l'effet karmique de l'action non vertueuse et les habitudes négatives qui en découlent s'affaiblissent.

Le pouvoir de se détourner des fautes

Le troisième pouvoir exige la détermination de ne plus jamais répéter les actes non vertueux. Plus la détermination est forte, plus la purification est efficace. Avec cette détermination, notre esprit devient alerte et habile à dire non aux incitations à accomplir des actions non vertueuses.

Le pouvoir de l'application des remèdes

Le quatrième pouvoir consiste à accomplir des actions vertueuses afin d'accumuler du bon karma. Lorsque le karma négatif mûrit et que ses effets se manifestent par des conditions défavorables, il est comme une mauvaise influence qui nous pousse à accomplir davantage d'actions non vertueuses. Lorsque le karma positif s'accumule grâce à la pratique de la purification, une influence positive très forte se manifeste également, bien plus forte que l'influence négative. Nous pouvons donc accomplir notre choix vertueux dans l'instant, malgré l'influence négative. En d'autres termes, l'influence négative sera surmontée afin que nous en soyons protégés. La force positive générée par une purification appropriée s'avère plus forte – parce que l'influence négative est fondée sur l'illusion, alors que l'influence vertueuse est basée sur des faits.

Ensemble, ces quatre pouvoirs augmentent la probabilité que nous fassions des choix vertueux plutôt que des choix non vertueux. Ainsi, pour purifier le karma négatif il suffit d'empêcher les habitudes non vertueuses de nous amener à accomplir davantage d'actions non vertueuses aujourd'hui et à l'avenir.

Dès lors, quelles sont donc les actions vertueuses et non vertueuses, et quels effets peuvent-elles avoir à l'avenir ?

Voies vertueuses et non vertueuses

Le Bouddha Shakyamuni a enseigné dix voies d'action, qui sont décrites en détail par Lama Tsong Khapa dans le volume 1, chapitre 14 du *Grand Livre de la progression vers l'éveil*.

Les dix voies d'action non vertueuses sont les suivantes :

- trois actions physiques : le meurtre, le vol et l'inconduite sexuelle ;
- quatre actions verbales : le mensonge, les paroles qui sèment la discorde, les propos offensants et parler pour ne rien dire ;
- trois actions mentales : la convoitise, la malice et les opinions erronées.

Les dix voies de l'action vertueuse impliquent de s'abstenir correctement d'accomplir les dix actions non vertueuses.

Un chemin d'action comporte quatre aspects :

- la base ;
- l'attitude qui mène à la motivation ;
- la mise en œuvre de l'action ;
- l'aboutissement de l'action.

Par exemple, la base du meurtre est qu'un être sensible est vivant ; l'attitude est un facteur mental affligeant – tel que la colère et un fort attachement – et qui conduit à une motivation pour tuer ; la mise en œuvre est l'action de tuer, soit en agissant soi-même, soit en commanditant le geste auprès de quelqu'un d'autre ; l'aboutissement est que l'être vivant n'est plus en vie, en raison de cette action.

L'action vertueuse correspondante consiste soit à s'abstenir de tuer comme décrit ci-dessus, soit à sauver une vie. L'action vertueuse consistant à sauver une vie est motivée par la compassion, au souhait que l'être sensible soit libéré de la souffrance de la maladie et de la mort.

La différence fondamentale entre les voies d'action vertueuses et non vertueuses commence par la motivation de l'action. Il est donc crucial pour ceux qui se mettent en quête du bonheur d'être attentifs aux types de facteurs mentaux présents dans leur esprit. Les facteurs mentaux vertueux, tels que la bienveillance aimante et la compassion, conduisent à une motivation vertueuse. Les facteurs mentaux non vertueux – tels que l'ignorance, l'attachement, la colère, l'orgueil, la jalousie et le doute – conduisent à une motivation non vertueuse.

Les effets du karma

Les effets du karma sont triples :

- effets de fructification ;
- effets concordants sur le plan causal ;
- effets sur l'environnement.

Si l'on prend, par exemple, l'action vertueuse consistant à sauver correctement une vie ou à s'abstenir de tuer, l'effet de fructification sera de renaître dans les royaumes des dieux ou des hommes. L'effet de concordance causale sera une durée de vie longue et en bonne santé. L'effet environnemental sera que nos aliments, nos boissons, nos médicaments et nos fruits seront à haut potentiel, faciles à digérer et porteurs de santé.

Les effets du karma négatif sont opposés à ceux du karma positif. La loi du karma signifie qu'une personne subira forcément les effets de son karma si son karma négatif n'a pas été purifié.

Pour la plupart d'entre nous, le contenu de la loi du karma en soi ne nous est pas inconnu : les actions mentales, verbales et physiques ont un impact sur l'avenir de leur auteur. Les actions vertueuses apportent des mérites et du bonheur ; les actions non vertueuses apporteront de la souffrance à leur auteur un jour ou l'autre. Cependant, il est difficile d'appliquer cette idée de manière cohérente dans nos prises de décision. Elle nécessite une connaissance plus détaillée du fonctionnement de la loi du karma. Il faut également s'entraîner à intégrer cette compréhension dans nos activités quotidiennes.

Le continuum des vies

La plupart d'entre nous acceptent l'idée que « la pratique permet de s'améliorer ». Cependant, dès que nous constatons que d'autres semblent être meilleurs que nous dans une certaine compétence, avec moins d'entraînement, nous abandonnons immédiatement cette idée et nous nous tournons vers la superstition selon laquelle ils sont naturellement meilleurs ou nés meilleurs, sans raison. Sur la base de cette superstition, nous abandonnons souvent nos efforts pour atteindre l'excellence.

Le raisonnement correct, conforme au principe « la pratique apporte l'amélioration » pour expliquer pourquoi quelqu'un est meilleur que moi dans un domaine, est qu'il a dû s'entraîner plus que je ne l'imagine, ou qu'il a dû pratiquer cette compétence dans une ou plusieurs vies antérieures. Ainsi, un esprit qui souscrit systématiquement à l'idée que « la pratique apporte l'amélioration » devrait arriver à la conclusion qu'il existe des existences antérieures à notre vie actuelle. Sinon, nous ne pouvons pas expliquer pourquoi quelqu'un est capable, par exemple, de jouer du piano de façon virtuose dès l'âge de 5 ans.

De même, la plupart d'entre nous acceptent que « chaque action produit des conséquences ». Cependant, nous sommes peu nombreux à nous astreindre à une discipline morale stricte et à faire preuve de diligence pour purifier notre karma négatif. Au contraire, nous nous accommodons de l'attitude qui consiste à dire : « Je ne veux pas en entendre parler », comme si le fait de ne pas en entendre parler pouvait mettre un terme à la situation.

Nous ne voulons pas en subir les conséquences. Sur la base de cette attitude, nous laissons nos normes morales se dégrader et suivons le mauvais exemple de ceux qui maximisent les avantages ponctuels comme s'il n'y avait pas de lendemain.

Le raisonnement correct de ceux qui souscrivent systématiquement à l'idée que « chaque action entraîne des conséquences » est qu'il existe des vies futures après la mort, dans lesquelles nous subissons les conséquences que nous n'avons pas vécues dans cette vie-ci.

Cette vision d'un continuum de vies est importante en raison de son impact sur notre choix d'actions. Sans elle, notre choix d'actions devient plutôt « myope ». Si nous limitons notre vision à ce qui se passe dans cette seule vie, nous risquons de voir les personnes à l'éthique déficiente jouir d'une bonne richesse matérielle alors que celles porteuses d'une éthique correcte souffrent de pauvreté matérielle. Cela risque de nous empêcher d'agir conformément à l'idée que « chaque action entraîne des conséquences ».

Percevoir notre propre existence comme un continuum de vies nous offre une vision élargie qui nous aide à choisir des actions vertueuses qui procurent le bonheur. Dans cette perspective élargie, les personnes qui ont une bonne conduite éthique et qui souffrent de pauvreté matérielle peuvent être considérées comme ayant accompli des actions non vertueuses dans des vies antérieures, mais qui corrigent aujourd'hui leur comportement pour de bon. Celles qui semblent avoir une faible moralité et qui font l'expérience de la richesse matérielle peuvent être considérées comme ayant accompli de grandes actions vertueuses, soit dans leurs vies antérieures, soit de manière non apparente dans cette vie.

Mais surtout, le fait de considérer l'existence comme un continuum de vies nous encourage à accumuler des mérites avec diligence. Dans cette perspective élargie, plus on accomplit d'actes vertueux et moins on commet d'actes non vertueux, plus l'avenir et nos vies futures se voient garantis.

La pratique permet donc de progresser. La bonne nouvelle de la loi du karma est que nous pouvons tous atteindre l'illumination. Tout ce que cela nécessite, c'est de la patience et de la persévérance dans l'accumulation de mérites vertueux et d'intuitions de sagesse. Chaque action compte. Même si l'on avance aussi lentement qu'un escargot, on accédera à l'illumination tant que l'on est sur le bon chemin et que l'on avance dans la bonne direction.

En raison de la formation de notre mentalité égocentrique, nous accumulons constamment du karma négatif. Par conséquent, tout comme nous devons prendre une douche ou nous brosser les dents tous les jours, nous devons également procéder à la purification de notre karma négatif quotidiennement afin de jouir d'une vie de plus en plus heureuse jusqu'à atteindre l'illumination totale.

Essayez d'accomplir chaque jour le magnifique rituel présenté plus loin dans ce manuel (voir « Rituel de purification du karma négatif »). Faites en sorte de le rendre court et agréable. Vous vous sentirez beaucoup plus jeune et plus léger, avec de moins en moins de bagages du passé à porter.

La pratique est source d'amélioration. Plus nous introduisons de pratiques vertueuses dans notre vie, plus nous bénéficions de la loi naturelle du karma. Au fur et à mesure que l'élan vertueux se renforce, le processus d'adoption de la mentalité portant vers l'aspiration éclairée – l'origine première de tout bonheur – devient également plus facile.

Entraînement de l'esprit bouddhiste

La prise de conscience du vide nécessite une observation prolongée, avec un esprit stable, de la nature de l'existence. Le développement de la concentration mentale constitue donc une partie nécessaire de l'entraînement de l'esprit bouddhiste.

Les enseignements et les pratiques bouddhistes offrent une voie efficace vers le bonheur véritable, car ils sont fondés sur une connaissance complète et précise du fonctionnement de l'esprit. Une compréhension et cartographie approfondies de l'esprit au travail constituent la base de l'entraînement de l'esprit. L'entraînement bouddhiste de l'esprit commence par la pratique du développement de la vigilance à l'égard de son propre état mental et des facteurs mentaux à l'œuvre. Cet éveil de l'esprit offre une base pour renoncer aux habitudes mentales non vertueuses qui sont la cause de toutes les souffrances, et pour les remplacer par des habitudes vertueuses.

L'esprit basique

Le niveau basique de l'esprit est celui qui est associé aux six pouvoirs sensoriels – ceux de la vue, de l'ouïe, de l'odorat, du goût, du toucher, des pouvoirs sensoriels mentaux et de la conscience sensorielle respective. Notre vie quotidienne et nos activités professionnelles, ainsi que nos pensées et nos sentiments, impliquent le fonctionnement de l'esprit à ce niveau basique. Le sixième pouvoir sensoriel, ou pouvoir sensoriel « mental », c'est l'esprit conceptuel. L'esprit du niveau basique s'appuie sur le « vent » ou l'énergie du niveau basique pour entrer en contact avec l'objet de son engagement. La colère ne dure jamais très longtemps car l'énergie de la personne s'épuise rapidement. C'est pourquoi une personne peut se sentir vide et épuisée après une crise de colère.

L'esprit très subtil

Au-delà du niveau basique, il y a l'esprit très subtil qui transcende les concepts. L'esprit très subtil est toujours accompagné du vent très subtil. Ce couple inséparable vit dans la profondeur du centre du chakra du cœur. C'est l'esprit incessant. Pour l'esprit très subtil, le vent très subtil est comme son corps. Techniquement, nous ne pouvons donc jamais mourir. Ce que nous définissons comme la mort est en fait la séparation de l'existence au niveau subtil (l'esprit très subtil et le vent très subtil qui l'accompagne) du corps au niveau basique.

Le véritable défi est de savoir quel type d'existence basique se manifeste. Cela est régi par la loi du karma. Les actions mentales, verbales et physiques vertueuses laissent des empreintes vertueuses dans l'esprit subtil et aboutissent à une existence heureuse au niveau basique ; les actions non vertueuses laissent des empreintes non vertueuses au niveau subtil et aboutissent à la souffrance au niveau basique.

Les six royaumes de l'existence

Les six royaumes de l'existence se définissent comme suit :

1. le royaume des dieux ;
2. le royaume des demi-dieux ;
3. le royaume des humains ;
4. le royaume des animaux ;
5. le royaume des esprits affamés ;
6. le royaume des êtres en enfer.

Parmi les six royaumes, les royaumes des humains et des dieux sont considérés comme les royaumes les plus heureux. Les êtres du royaume de l'enfer sont totalement sous l'emprise de l'affliction mentale de la colère. Les esprits affamés souffrent du karma de l'avarice. Les êtres du royaume des animaux souffrent du karma de l'abrutissement mental. Les êtres du royaume des demi-dieux souffrent de combats et de querelles à cause du karma de la jalousie. Les êtres du royaume des dieux souffrent du déclin de leur pouvoir et de leur statut en raison de leur orgueil. Le royaume des humains est considéré comme l'existence offrant les meilleures possibilités d'atteindre le plein éveil, en particulier si l'on a le loisir d'étudier et de pratiquer les enseignements de la sagesse.

Au sein de l'existence des six royaumes, les êtres humains sont les mieux placés pour accumuler un karma positif en vue de l'illumination. Une vie humaine pleine de sens implique donc d'accumuler autant de mérites et de connaissances de sagesse que possible. À ceux qui sont inspirés, les auteurs recommandent vivement l'entraînement de l'esprit bouddhiste.

Étant donné la nature innocente de l'esprit, le processus de transformation mentale pour atteindre le bonheur ne consiste en rien d'autre qu'en la familiarisation avec la vérité selon laquelle l'aspiration éclairée mène au bonheur. Cependant, la transformation mentale implique de nombreuses étapes, selon les différents types de cognition enseignés dans les textes bouddhistes (une traduction est présentée dans *Connaître l'Esprit selon le bouddhisme tibétain* de Lati Rinpoché et Elizabeth Napper). Il faut donc de la patience et de la persévérance pour accomplir cette transformation.

Les étapes de l'apprentissage

Lorsque nous entendons parler pour la première fois de quelque chose de nouveau et d'inconnu, nous avons souvent tendance à le rejeter comme étant sans importance, en pensant que « ce n'est pas pour moi ».

Une fois que nous en avons entendu parler assez souvent et que nous avons été témoins de ses effets bénéfiques sur d'autres personnes, notre attitude peut se transformer en « peut-être que cela vaut la peine d'essayer ». Ce changement d'attitude nous amène à étudier l'idée par l'expérience. Parce qu'il s'agit d'une vérité, les résultats de notre observation fournissent de nombreuses preuves de ses bienfaits. Cela nous amène généralement à penser : « C'est fondamentalement vrai, mais j'ai encore quelques doutes à ce sujet. »

À ce stade, il est important que nous persévérions dans nos efforts en examinant de plus près les cas où les preuves semblent négatives. Après avoir dissipé nos doutes, nous parvenons à une position où nous sommes pleinement convaincus, au niveau conceptuel, que la compassion apporte le bonheur.

Cependant, notre action est encore habituellement orientée vers l'idée erronée que l'égocentrisme nous est bénéfique. Ce dernier obstacle ne peut être surmonté que par la persévérance dans la méditation, en nous concentrant sur la vérité jusqu'à ce que nous agissions spontanément en fonction de la vérité. Cette étape implique également la cohérence dans le choix de la vertu et l'abandon de la non-vertu dans la vie quotidienne.

Pour faciliter ce processus, nous devons accumuler autant de mérites que possible. Les méditations sur la bienveillance aimante et la compassion, ainsi que l'offrande de mandalas, sont d'excellents moyens d'y parvenir.

Une introduction à la littérature bouddhiste

Le chemin de l'illumination

Les trois aspects clés du chemin vers la pleine illumination sont les suivants :

1. renoncer aux souffrances répétées de la naissance, du vieillissement, de la maladie et de la mort ;
2. générer une aspiration éclairée ;
3. la sagesse du vide.

Lama Tsong Khapa l'a succinctement résumé et clairement expliqué dans son ouvrage intitulé *Three Principal Aspects of the Path* (*Les Trois Principaux Aspects de la voie*).

Dans son célèbre ouvrage *Le Grand Livre de la progression vers l'éveil*, il présente des instructions détaillées quant à la manière de pratiquer le chemin de l'éveil pour les êtres ayant de petites, moyennes et grandes capacités. Les êtres à faible capacité sont ceux qui souhaitent renaître dans une vie meilleure dans le cercle de la naissance, du vieillissement et de la mort. Les êtres dotés d'une capacité moyenne sont ceux qui souhaitent transcender ce cercle pour eux-mêmes. Les êtres dotés d'une grande capacité sont ceux qui souhaitent trouver les moyens d'atteindre le véritable bonheur, non seulement pour eux-mêmes, mais aussi pour beaucoup d'autres.

Comme nous l'avons vu plus haut, générer une aspiration éclairée est la clé qui permet aux êtres dotés d'une grande capacité de s'engager sur la bonne voie. À cette fin, les enseignements bouddhistes présentent un ensemble très riche de moyens efficaces pour établir une motivation éclairée. Le volume 2 du *Grand Livre de la progression vers l'éveil* du Lama Tsong Khapa et *Activating Bhohichitta and Meditation on Compassion* de Sa Sainteté, le quatorzième Dalaï-Lama, en sont deux exemples. Cet ensemble d'ouvrages démontre que l'égoïsme – y compris l'esprit d'autosatisfaction de soi – est fondé sur des conceptions erronées de la réalité et est la source de toutes les souffrances. Il établit, par le raisonnement, pourquoi une grande bienveillance aimante et la compassion sont les attitudes justes, qui sont fondées sur la vérité et conduisent au bonheur. Ces ouvrages proposent des méthodes de méditation pour aider à agir selon la vision juste.

En outre, ce corpus littéraire comprend une gamme complète d'instructions détaillées quant à la manière de cultiver une grande compassion et de se comporter correctement dans un environnement dégénéré tel que le nôtre. Parmi tous ces merveilleux écrits instructifs, celui que tout pratiquant sincère se doit d'étudier est le *Guide du mode de vie du Bodhisattva* de Maître Shantideva.

Enseignements sur le vide

Le troisième aspect clé du chemin vers l'éveil est la prise de conscience de la sagesse de la vacuité. Les enseignements présentés dans ce guide sont basés sur le principe bouddhiste « *Prasangika Madhyamaka* » (la Voie du Milieu), établi par le maître indien Nagarjuna dans son ouvrage *Mulamadhyamakakarika*. Conformément à la prophétie du Bouddha Shakyamuni, Nagarjuna a élucidé le sens définitif du vide par le raisonnement, qui a été baptisé « Origine dépendante ».

« L'Origine dépendante » est l'idée selon laquelle tous les phénomènes existent en fonction de causes et de conditions, plutôt que d'exister de manière indépendante. Cette idée va de pair avec celle du vide – que tous les phénomènes sont libres de toute nature inhérente. Parce que leur existence dépend de causes et de conditions, ils sont sujets au changement et ne peuvent donc pas exister de manière intrinsèque. Ce n'est que si une personne est libre de toute qualité intrinsèque qu'elle peut changer en réaction à des influences vertueuses ou non vertueuses (causes et conditions).

La nature de l'existence

Le Vénérable Aryadeva, disciple de Maître Nagarjuna, dans son célèbre ouvrage *Les Stances fondamentales de la Voie médiane*, propose un raisonnement pas à pas pour dissiper toutes les idées fausses sur la nature de l'existence. Les huit premiers chapitres de l'ouvrage réfutent une à une les idées fausses dans notre vie quotidienne, et démontrent clairement comment toutes les émotions négatives – telles que la colère, l'attachement, l'orgueil et la jalousie – se fondent sur des conceptions erronées de la réalité. Les huit chapitres suivants présentent un précis réfutant toutes les idées fausses sur la nature de l'existence.

Lama Tsong Khapa, dans son ouvrage Le Grand Livre de la progression vers l'éveil, a aussi consacré les chapitres 7 à 27 du troisième volume à la question de la vision correcte de la nature de l'existence.

La loi du karma

Pour ceux qui cherchent à être heureux dans la vie, une appréciation de la signification profonde de la loi du karma constitue une base solide. La loi du karma est une loi naturelle qui régit toutes les créations, de l'homme ordinaire à l'être éveillé. Sa validité est fondée sur la nature de l'esprit au niveau le plus profond. Lama Tsong Khapa donne une explication précise et complète de la loi du karma dans *Le Grand Livre de la progression vers l'éveil* (volume 1, chapitres 13-15).

À propos de l'esprit

L'ouvrage du Maître Kamalashila, *Les Étapes de la méditation*, explique comment focaliser notre esprit sur le bon objet de méditation et comment développer la concentration mentale étape par étape.

Les enseignements et les pratiques bouddhistes permettent de comprendre comment entraîner l'esprit à remplacer les habitudes non vertueuses par des habitudes vertueuses. *Connaître l'esprit selon le bouddhisme tibétain* de Lati Rinpoché et Elizabeth Napper propose une traduction des textes bouddhistes traitant des différents types d'esprit et de facteurs mentaux.

DEUXIÈME PARTIE

COMMENT TRAVAILLER AVEC CET ORACLE

Il existe de nombreuses façons d'utiliser cet oracle. Il vous sera possible de tirer une carte pour y lire un message ponctuel. Vous pourrez tirer un certain nombre de cartes dans n'importe quelle disposition afin de clarifier une situation donnée. Vous aurez la possibilité d'explorer des chemins qui développeront vos qualités intérieures. Ces cartes vous serviront peut-être aussi à enrichir votre méditation. Mais surtout, nous faisons le vœu que ces cartes vous aident à vous renforcer spirituellement et à entretenir votre cœur aimant.

Dans cette introduction à l'utilisation des cartes, nous vous présentons tout d'abord le mandala de la Compassion figurant sur chacune des cartes. Suivent quelques courts rituels et méditations qui constituent des méthodes d'entraînement de l'esprit pour développer la bienveillance aimante et la compassion, ainsi que pour purifier le karma négatif.

Mandala de la Compassion

Ce mandala de la Compassion a été peint par Ani Dechen, entre juillet 2009 et décembre 2010, sous la direction de son maître, Lama Tendar. Dans les traditions bouddhistes tibétaines, les mandalas créés avec du sable ou peints sur du papier trouvent leur origine dans l'enseignement du Bouddha Shakyamuni. Les détails du mandala – y compris sa structure, ses couleurs et ses symboles – se transmettent via une tradition orale ininterrompue de maître à élève. La création de mandalas fait partie des méthodes bouddhistes d'entraînement de l'esprit visant à cultiver les qualités intérieures de sagesse et de grande compassion.

Avalokiteshvara – Bouddha de la Compassion

Le mandala de la Compassion représente l'esprit, le corps et la parole éclairés d'Avalokiteshvara, dont le nom signifie « Bouddha de la Compassion » en sanskrit (en chinois, on parle de Guanyin, et de Chenrenzi en tibétain). Avalokiteshvara symbolise l'essence de la grande compassion chez tous les bouddhas et leurs disciples, les bodhisattvas.

Au centre du mandala de la Compassion se trouve un palais carré à quatre portes. Au centre du palais, au sommet du lotus multicolore à huit pétales, est représenté Avalokiteshvara, dont le symbole est le lotus, qui représente la pureté. Le lotus a beau pousser dans la boue, sa fleur est totalement pure.

Dans la tradition bouddhiste tibétaine, Avalokiteshvara est représenté avec une peau claire, un visage et quatre bras, assis sur un lotus et un coussin arrondi en forme de fleur de lotus. Les deux premières mains tiennent un joyau exauçant les souhaits devant son cœur, symbolisant l'état de pleine illumination et, par conséquent, la pleine capacité à aider tous les êtres sensibles. La deuxième main droite tient un chapelet « *mala* » de perles, et la deuxième main gauche tient la tige d'un lotus avec les fleurs près de son oreille gauche. Tout son corps émet des lumières de sagesse à cinq couleurs qui sont de pures bénédictions pour tous les êtres sensibles. Nous pouvons solliciter l'aide d'Avalokiteshvara en prononçant son nom ou en fredonnant le mantra de la Compassion :

ཨོཾ་མ་ཎི་པདྨེ་ཧཱུྃ།

OM MANI PEME HUM

Avalokiteshvara est aussi représenté avec onze têtes et mille bras (avec un œil sur chacune des mille mains) debout sur un coussin en forme de fleur de lotus. Cette variante illustre sa capacité à tout voir, à posséder des informations factuelles dans toutes les directions et dans les moindres détails. Elle montre également sa capacité à apporter efficacement l'aide nécessaire aux êtres sensibles. La grande compassion, dans sa forme pleinement développée, s'appuie sur une perception directe de la nature de l'existence et elle est donc détaillée et précise.

Cette forme à mille bras symbolise le fait qu'Avalokiteshvara a accompli ses grands vœux : voir instantanément tout être sensible qui fait appel à lui en lui réclamant une aide urgente, et pouvoir dès lors lui procurer l'aide demandée. Cette puissante formation accompagne le mantra de la Grande Compassion :

ན་མོ་རཏྣ་ཏྲ་ཡཱ་ཡ།
ན་མཿ ཨཱརྻ་ཛྙཱ་ན་སཱ་ག་ར།
བཻ་རོ་ཙ་ན་བྱཱུ་ཧ་རཱ་ཛཱ་ཡ།
ཏ་ཐཱ་ག་ཏཱ་ཡ།
ཨརྷ་ཏེ་སམྱཀྶཾ་བུདྡྷཱ་ཡ། ན་མཿ
སརྦ་ཏ་ཐཱ་ག་ཏེ་བྷྱཿ ཨརྷད་བྷྱཿ
སམྱཀྶཾ་བུདྡྷེ་བྷྱཿ ན་མཿ
ཨཱརྻ་ཨ་ཝ་ལོ་ཀི་ཏེ་ཤྭ་རཱ་ཡ།
བོ་དྷི་སཏྭཱ་ཡ། མཧཱ་སཏྭཱ་ཡ།
མཧཱ་ཀཱ་རུ་ཎི་ཀཱ་ཡ། ཏདྱ་ཐཱ།
ཨོཾ་དྷ་ར་དྷ་ར། དྷི་རི་དྷི་རི།
དྷུ་རུ་དྷུ་རུ། ཨིཊྚེ། ཝཊྚེ།
ཙ་ལེ་ཙ་ལེ། པྲ་ཙ་ལེ་པྲ་ཙ་ལེ།

ཀུ་སུ་མེ། ཀུ་སུ་མེ།
བྷ་རེ་ཨི་ལི་མི་ལི།
ཙི་ཏི་ཛྭ་ལ་ཨཱ་པ་ན་ཡེ་སྭཱཧཱ།

NAMO RATNA TRA YA YA/ NAMA ARYA JANA SAGARA/ VAIROCHANA VYUHA RAJAYA/ TATHAGATAYA/ ARHATE SAMYAK SAM BUDDHAYA/ NAMA SARVA TATHAGATE BAYE ARHATE BAYE/ SAMYAK SAM BUDDHE BAYE/ NAMO ARYA AVALOKITE SHORAYA/ BODHI SATTVAYA/ MAHA SATTVAYA MAHA KARUNI KAYA/ TEYATHA/ OM DHARA DHARA/ DHIRI DHIRI/ DHURU DHURU/ ITTE VATTE/ CHALE CHALE/ TRACHALE TRACHALE/ KUSUME KUSUME VARE/ ILI MILI/ CHITI DZOLA MAPANAYE SVAHA

Vous trouverez dans les annexes de ce manuel des liens vers des enregistrements audio du mantra de la Compassion et du mantra de la Grande Compassion.

La syllabe-graine d'Avalokiteshvara est SHIR ཧྲཱིཿ. Cette syllabe-graine contient toute l'énergie de l'intégralité du mantra. Vous pouvez visualiser la syllabe-graine ཧྲཱིཿ sur un coussin arrondi translucide et un lotus blanc à mille pétales en méditation. La syllabe-graine ཧྲཱིཿ émet la lumière de la sagesse en cinq couleurs : le bleu, le jaune orangé, le blanc, le vert et le rouge.

Amitabha – Bouddha de la lumière infinie

La couronne d'Avalokiteshvara est toujours ornée de l'effigie de son maître, Amitabha, Bouddha de la lumière infinie. Amitabha est l'un des cinq Bouddhas célestes (ou *Tathagatas*). Sa couleur est le rouge, représentant l'élément purifié du feu, la lumière rouge de la conscience discriminante qui transcende l'agrégat (*skandha*) des perceptions (pensées). « Discriminante » s'emploie ici au sens de perception des détails précis de tous les phénomènes tels qu'ils sont, sans jugement. Le symbole du Bouddha Amitabha est également un lotus, représentant lui aussi la pureté.

Akshobhya – Bouddha céleste

Sur le pétale est (avant) se trouve le Bouddha céleste Akshobhya, dont la couleur bleue exprime l'élément transcendantal de l'eau et l'agrégat purifié de la forme (corps). Le symbole de Bouddha Akshobhya est le *vajra* ou la foudre, qui représente l'immuabilité ou l'indestructibilité. Cette immuabilité se fonde sur la perception directe de la réalité qui peut ainsi résister à l'attitude critique de l'esprit intellectuel, lequel se concentre sur ce qui ne va pas dans chaque phénomène.

Ratnasambhava – Bouddha céleste

Sur le pétale sud se trouve le Bouddha céleste Ratnasambhava, dont la couleur jaune exprime l'élément transcendantal de la terre et la lumière de sagesse jaune de l'équanimité qui transcende l'ensemble des sentiments. Le symbole du Bouddha Ratnasambhava est le joyau qui exauce les souhaits, représentant la dignité et l'absence de pauvreté.

Vairocana – Bouddha céleste

Sur le pétale ouest se trouve le Bouddha céleste Vairocana, dont la couleur blanche représente l'élément purifié de l'espace et la sagesse de la vision globale, libre de toute perspective centralisée. Un tel sens de l'ouverture apporte l'agrégat purifié de la conscience. Le symbole de Bouddha Vairocana est la roue à huit branches, qui exprime un état qui transcende les limites de l'espace et du temps.

Amoghasiddhi – Bouddha céleste

Sur le pétale nord se trouve le Bouddha céleste Amoghasiddhi, dont la couleur verte représente l'élément purifié du vent et la sagesse de transcender l'agrégat des formations mentales (concepts). Le Bouddha Amoghasiddhi est symbolisé dans le mandala de la Compassion par l'épée, qui exprime l'intelligence aiguisée qui abat rapidement les illusions de l'esprit afin de voir ce qui se passe réellement. C'est ainsi que l'on peut éliminer les obstacles avec efficacité, de sorte que l'accomplissement des actions soit fermement garanti.

La présence des cinq Bouddhas célestes dans le mandala de la Compassion démontre que le Bouddha de la Compassion, Avalokiteshvara, possède les qualités de plein éveil de tous les Bouddhas.

Protection indestructible

Le lotus à huit pétales, qui représente la profondeur du centre du chakra du cœur, est entouré d'un mur sans faille de la lumière dorée du *vajra*, qui est indestructible. La protection indestructible de l'esprit découle de la pleine concrétisation de la sagesse. Cette sagesse est fondée sur la perception directe de la nature de toute la création et la dissolution – qui, à son tour, s'appuie sur un fondement solide, à savoir la recherche intellectuelle approfondie de la vérité.

Offrandes des sens

Le long du palais se trouve une corniche rouge sur laquelle des déesses tiennent des offrandes pures d'eau potable, d'eau de bain, de parfum, de fleurs, d'encens, de lampes, de nourriture et d'instruments sonores, ainsi que des miroirs (représentant l'offrande du sens de la vue), des cymbales (symbolisant l'offrande du sens de l'ouïe), du parfum (représentant l'offrande du sens de l'odorat), des fruits (symbolisant l'offrande du sens du goût) et des écharpes de soie (représentant l'offrande du sens du toucher). Ces offrandes sont pures parce qu'elles sont appréciées comme le résultat spontané de multiples causes et conditions du moment, et non comme des objets dotés de qualités inhérentes.

Garudas et roues du dharma

Au-dessus des quatre portes du palais se trouvent les quatre *garudas*, dont les bouches laissent échapper des chaînes de joyaux, représentant la parole pure des enseignements de la sagesse. Devant les quatre portes du palais se trouvent les quatre arcades, ornées de onze couches de segments, chacune reposant sur quatre piliers. Au sommet des quatre arches, chacune flanquée d'une paire de cerfs, se trouvent quatre roues du dharma qui émettent des nuages de compassion. Les nuages de compassion font tomber des fleurs de nectar de sagesse, adaptées aux dispositions mentales de chaque être sensible.

Symboles de mérite

Le paysage verdoyant à l'extérieur du palais est rempli d'un riche ensemble de bannières de victoire (symbolisant l'accomplissement spirituel), d'ombrelles (symbolisant les pouvoirs spirituels) et d'arbres remplis de trésors. Ils symbolisent les mérites accumulés par les Bouddhas et les bodhisattvas, qui travaillent avec diligence jour et nuit pour accomplir des actes vertueux afin de partager la richesse matérielle et spirituelle qui en résulte avec tous les êtres sensibles.

Le royaume pur

Le palais céleste et le paysage se trouvent au sommet d'un lotus à mille pétales, qui symbolise à nouveau le royaume pur. Le royaume pur est protégé par un cocon sans faille de la lumière dorée et indestructible du *vajra*, qui est à son tour entouré du feu de sagesse à cinq couleurs qui transforme les affections mentales en lumière de sagesse.

Générer un espace pur avec le mandala de la Compassion

Pour créer un espace pur permettant d'accéder aux perspectives de sagesse avec ce coffret de cartes, les auteurs recommandent de placer un mandala de la Compassion sur l'autel ou sur une table propre devant vous. Fredonnez trois fois le mantra de la Compassion et/ou de la Grande Compassion – une invocation à Avalokiteshvara et à tous les Bouddhas et bodhisattvas des dix directions. Ensuite, offrez le mandala comme un royaume pur aux Bouddhas et aux bodhisattvas. Chanter ces mantras éveille également des graines de compassion chez tous les êtres sensibles, et le royaume pur de l'offrande du mandala est destiné à être partagé par tous les êtres sensibles. C'est un excellent moyen d'accumuler des mérites. Vous pouvez le faire avec les prières suivantes :

Hommage

Les mille bras servent tels mille empereurs régnant sur l'univers.

Les mille yeux se manifestent tels les mille Bouddhas de notre époque, qui nous enseignent et nous montrent la voie vers tout ce qui est désir pour autrui.

À toi, Avalokiteshvara, Bouddha de la Compassion, je rends hommage.

Mantra de la Compassion

OM MANI PEME HUM

(Répétez sept, vingt et une, cent huit fois, ou autant de fois que vous le pouvez).

Mantra de la Grande Compassion

NAMO RATNA TRA YA YA/ NAMA ARYA JANA SAGARA/ VAIROCHANA VYUHA RAJAYA/ TATHAGATAYA/ ARHATE SAMYAK SAM BUDDHAYA/ NAMA SARVA TATHAGATE BAYE ARHATE BAYE/ SAMYAK SAM BUDDHE BAYE/ NAMO ARYA AVALOKITE SHORAYA/ BODHI SATTVAYA/ MAHA SATTVAYA MAHA KARUNI KAYA/ TEYATHA/ OM DHARA DHARA/ DHIRI DHIRI/ DHURU DHURU/ ITTE VATTE/ CHALE CHALE/ TRACHALE TRACHALE/ KUSUME KUSUME VARE/ ILI MILI/ CHITI DZOLA MAPANAYE SVAHA

(Répéter trois, sept ou vingt et une fois.)

Voir en annexe de ce guide pour accéder aux enregistrements audio du mantra de la Compassion et du mantra de la Grande Compassion.

Offrande de mandala

Cette terre, ointe de parfum, parsemée de fleurs, ornée du mont Meru, des quatre continents, du soleil et de la lune,

Je l'imagine comme un champ de Bouddha et j'en fais offrande,

Que tous les êtres vivants puissent jouir de cette terre pure !

Ô pur lama, saint et parfait, des nuages de compassion qui se forment dans les cieux de votre sagesse Dharmakaya, veuillez libérer une pluie de dharma vaste et profond, précisément en accord avec les besoins des personnes à former.

IDAM GURU RATNA MANDALA KAMA NIRYA TAYAMI

Dévouement

Par cette vertu,

Puissé-je accomplir rapidement l'état d'Avalokiteshvara et établir tous les êtres, sans exception, dans cet état.

Accorde sans entrave la réalisation de tous les souhaits, comme une pierre précieuse qui exauce les souhaits ou un vase d'excellence.

Dites-vous que l'univers entier, les êtres et les objets qui le composent sont maintenant complètement purs, entièrement constitués de lumière de sagesse à cinq couleurs.

Vous pouvez faire offrande du mandala autant de fois que vous le souhaitez dans une journée. Dans la tradition bouddhiste tibétaine, l'une des pratiques préliminaires à une retraite méditative élaborée consiste à offrir le mandala cent mille fois en l'espace d'un à trois mois. Il s'agit d'accumuler des mérites suffisants pour que la retraite soit fructueuse en générant des réalisations de sagesse et en atteignant l'aspiration à l'éveil.

Méditation sur la bienveillance aimante et la compassion

Il est bon d'avoir un mandala de la Compassion sur votre table ou votre autel, afin de générer une énergie positive dans la pièce ou l'espace. Il est également utile d'effectuer le rituel d'offrande du mandala au début de cette séance de méditation, en guise d'amorce.

Étape 1. La posture

Vous pouvez effectuer cette méditation assis ou debout. Si vous êtes debout, veillez à ce que vos pieds soient parallèles et écartés d'environ la largeur des épaules. Si vous êtes assis sur une chaise, veillez à ce que celle-ci ne soit pas trop haute. Il est préférable que vos pieds soient confortablement posés à même le sol, parallèles l'un à l'autre, et que vos genoux forment un angle d'environ 90 degrés. Essayez de ne pas vous pencher en arrière sur la chaise ; veillez à ce que votre corps soit léger et bien droit afin de ne pas exercer de pression sur votre coccyx. Permettez à votre centre de gravité de s'ajuster subtilement et d'être toujours équilibré par rapport à l'endroit où vous êtes debout ou assis. Il s'agit d'un « équilibre en mouvement » plutôt que d'un équilibre statique.

Étape 2. La motivation pure

Générez une motivation pure en pensant tout au long de cette méditation : « Je veux me donner les moyens de la bienveillance aimante et de la compassion, afin d'atteindre le plein éveil et d'amener tous les êtres sensibles à cet état (ou afin de devenir une personne merveilleuse pour les autres). »

Étape 3. La respiration

Ouvrez les bras et levez-les lentement, les paumes tournées vers le haut, comme si vous embrassiez la lumière du soleil de la bienveillance aimante. Imaginez que l'axe central de votre corps s'étire confortablement vers le haut et vers le bas. Rapprochez vos paumes. Déplacez lentement vos mains devant votre corps, les paumes tournées vers le bas. Permettez à tous vos muscles d'adopter une tonicité neutre, ni relâchée ni tendue. Pour ce faire, vous devez permettre à votre centre de gravité de s'ajuster spontanément afin d'être toujours en équilibre, que vous soyez assis ou debout.

Répétez cette opération plusieurs fois, en laissant votre respiration se faire naturellement et confortablement.

Étape 4. Calmer l'esprit basique

Ramenez votre esprit à la paix en pensant : « Voici maintenant un moment de calme pour les éléments terre, eau, feu et vent dans mon corps. Voici maintenant un moment de calme pour mes yeux, mes oreilles, mon nez, ma langue, ma peau, mon pouvoir sensoriel mental et ma conscience sensorielle. »

Étape 5. Se concentrer sur le mantra de la Compassion

Focalisez votre esprit sur le mantra de la Compassion :

OM MANI PEME HUM

Chantez le mantra à voix haute, à voix basse ou dans votre esprit à sept, vingt et une, cent huit reprises ou autant de fois que vous le pourrez. Vous pouvez compter à l'aide d'un *mala* de perles si vous en possédez un.

Lorsque vous scandez le mantra, gardez à l'esprit une intention subtile de bienveillance aimante envers tous les êtres sensibles. Vous pouvez également visualiser la syllabe-graine SHIR ཧྲཱིཿ posée sur un disque de lune translucide, lui-même posé sur un lotus blanc à mille pétales. Visualisez le fait que la syllabe-graine ཧྲཱིཿ est faite de lumière de sagesse à cinq couleurs et qu'elle émet également de fins rayons de lumière de cinq couleurs : le bleu, le jaune orangé, le blanc, le vert et le rouge.

Étape 6. Se concentrer sur la bienveillance aimante et la compassion

Emplissez votre esprit et votre corps de l'énergie joyeuse de la bienveillance aimante en comptant les bénédictions de la vie que vous avez considérées comme acquises, aussi modestes et banales qu'elles puissent paraître :

- pensez à tous ceux qui ont contribué à votre substance vivante et à votre bien-être par leur diligence quotidienne ;
- pensez à ceux qui ont effectué quelque chose de spécial pour vous aujourd'hui ;
- pensez aux qualités des personnes liées aux difficultés que vous rencontrez dans votre vie.

Imaginez de belles paroles de gratitude à leur égard.

Terminez votre méditation en souhaitant ardemment que tous les êtres sensibles accèdent au véritable bonheur de l'éveil, en particulier ceux auxquels vous pensez souvent ces derniers temps.

Vous pouvez effectuer cette méditation avec les cartes (40.) Mère des êtres sensibles, (41.) Gratitude, ou (50.) Émancipation devant vous. Vous pouvez également lire ou contempler la discussion dans la section de ce guide intitulée « Comment cultiver l'aspiration éclairée ? ».

À ce stade, il est bon de faire de nouveau une offrande du mandala en exprimant votre gratitude envers les bouddhas et les bodhisattvas pour leurs enseignements et leur protection.

Étape 7. Consacrer les mérites

Consacrez les mérites de cette courte méditation à l'éveil de tous les êtres sensibles et à ceux qui vous viennent à l'esprit.

Étape 8. Se réveiller correctement de la méditation

Réveillez-vous en remuant les doigts et les orteils et laissez le passé derrière vous. Buvez de l'eau. Sentez-vous complètement régénéré et prêt à porter un regard neuf sur les choses pour contribuer humblement au bien-être des autres.

Il est bon d'effectuer de courtes méditations de cinq à dix minutes (étapes 1 à 8) chaque jour pour garder l'esprit alerte et le corps rempli d'énergie positive. Il est important de rendre ce rituel facile et agréable.

Générer des inspirations de sagesse avec les cartes

Après une méditation sur la bienveillance aimante et la compassion, vous voilà en bonne position pour travailler avec les cartes de ce coffret. Elles vous aideront à débloquer une situation ou à résoudre un problème que vous rencontrez.

Gardez cette situation à l'esprit, générez une motivation pure, tirez les cartes de la manière qui vous convient le mieux, ou bien parcourez-les et choisissez-en quelques-unes qui vous semblent pertinentes. Lisez leurs messages puis passez en revue votre attitude face à vos difficultés.

Terminez la session en consacrant les mérites de vos pensées vertueuses à l'éveil de tous les êtres sensibles. Soyez bref. Vous pourrez toujours revenir à ce processus.

Remarque : le mandala de la Compassion est une image sacrée. Ne posez pas les cartes avec cette effigie de manière désinvolte sur une chaise ou sur le sol, des personnes pourraient s'asseoir ou marcher dessus. Placez-les toujours dans un endroit élevé et protégé, avec respect. Si vous préférez travailler avec vos cartes en vous asseyant par terre, veillez à ce qu'elles soient posées sur un foulard ou une nappe.

Bon travail !

Rituel de purification du karma négatif

Le pouvoir de la fondation

Placez le mandala de la Compassion devant vous, sur une table ou un autel propres. Offrez le mandala à tous les bouddhas et bodhisattvas et effectuez les étapes 1 à 8 de la méditation sur la bienveillance aimante et la compassion. Si vous vous sentez à l'aise, placez devant vous les cartes (1.) Esprit innocent, (4.) Karma, (22.) Remords, (35.) Culpabilité et (45.) Dissolution. Ces cartes transmettent le message de sagesse selon lequel tout karma négatif peut être purifié. Ce cadre offre un refuge et une force pour purifier le karma négatif.

Le pouvoir de l'éradication ou de la confession

Imaginez que vous avez devant vous le Bouddha de la Compassion et tous les bouddhas et êtres éveillés. Faites le vœu ardent que tous les êtres sensibles accèdent au bonheur de l'éveil et faites-en votre motivation pour cet exercice. Contemplez les effets négatifs des actions non vertueuses et générez une forte intention de les purifier afin de vous libérer de ces effets négatifs.

Le pouvoir de se détourner des fautes

Générez une forte intention de ne pas répéter des actions non vertueuses.

Le pouvoir de l'application des remèdes

Cette pratique consiste à accumuler des mérites en tant que remèdes. Les pratiques suivantes sont de puissants moyens de générer des mérites :

- rendez hommage et faites des offrandes au Bouddha de la Compassion ;
- offrez le mandala aux bouddhas et à tous les êtres éveillés, puis partagez le royaume pur avec tous les êtres sensibles ;
- demandez l'aide du Bouddha de la Compassion pour purifier le karma négatif.

Chantez le mantra de la Compassion, « OM MANI PEME HUM », autant de fois que vous le pouvez, et/ou chantez le mantra de la Grande Compassion vingt et une fois, en gardant une intention subtile de bienveillance aimante envers tous les êtres sensibles et en souhaitant qu'ils soient libérés de leur karma négatif.

Contemplez la nature innocente de l'esprit et donc la nature impermanente du karma négatif.

Générez l'aspiration à accéder à l'illumination.

Consacrez les mérites de cette pratique à l'éveil de tous les êtres sensibles et à la purification du karma négatif.

Le karma négatif à purifier avec l'aide des quatre pouvoirs est constitué de toutes les actions mentales, verbales et physiques accomplies depuis les temps immémoriaux jusqu'à aujourd'hui. Il peut s'agir d'actions que nous avons produites nous-mêmes, que nous avons fait faire par d'autres ou que nous nous sommes réjouis de voir faire par d'autres, en particulier celles accomplies à l'égard de gourous spirituels, d'enseignants et de parents. Vous pouvez aussi vous concentrer sur une habitude non vertueuse particulière à laquelle vous souhaitez renoncer, ou sur une action particulière que vous souhaitez voir purifier.

Chanter le mantra de la Grande Compassion constitue un moyen très puissant de purifier tout karma négatif. Si vous scandez le mantra de la Grande Compassion vingt et une fois par jour et que vous pratiquez cette méditation des quatre pouvoirs, vous pouvez être certain que tout le karma négatif accumulé depuis des temps immémoriaux sera complètement purifié.

La session doit être courte et ciblée. Vous pouvez choisir de faire certaines ou même une seule des options d'accumulation des mérites énumérées ci-dessus à chaque session.

TROISIÈME PARTIE

SIGNIFICATION DES CARTES

1. ESPRIT INNOCENT

Les actions laissent des empreintes dans votre esprit.
Ces marques se dissolvent comme si vous écriviez sur l'eau.
Il est donc possible pour vous de changer vos habitudes.

L'état d'esprit de tout un chacun est pur et innocent par nature. Les empreintes laissées par nos expériences passées commencent à se dissoudre dès qu'elles sont générées. Même les marques les plus profondes – provenant d'actions répétées qui sont devenues une habitude – disparaissent sans laisser de trace dès lors que leur répétition a été interrompue depuis suffisamment longtemps. Pour ceux qui souffrent des effets d'actions non vertueuses, le moyen d'atteindre le bonheur est de remplacer les actions non vertueuses par des actions vertueuses. À mesure que les empreintes mentales des actions non vertueuses se dissolvent et que celles des actions vertueuses se renforcent, le bonheur s'amplifie aussi, à l'image de l'eau d'un lac pendant la saison des pluies.

2. AMOUR

Seconde après seconde, gardez votre bel esprit engagé dans la vertu de générer l'abondance pour tous les êtres sensibles. C'est cela la bienveillance aimante.

Au niveau basique, les ressources sont limitées. Ce que nous sommes capables de produire verbalement et physiquement prend du temps à se matérialiser. Cependant, au niveau de l'esprit subtil, tout ce qui est voulu est généré instantanément, instant après instant. Ainsi, la capacité de l'esprit est infinie parce que l'amour est infini. Motivé par l'intention de la bonté affectueuse, le royaume pur – qui offre de grandes richesses à tous les êtres sensibles – est instantanément visualisé. C'est le mandala de la Compassion. Un univers aussi beau, plein de richesses matérielles et spirituelles, est créé et soutenu par les mantras de la Compassion. Engageons donc nos beaux esprits dans la vertu de la création d'un univers riche et aimant pour tous les êtres sensibles.

3. MANIFESTATION

La création commence par des idées. Choisissez les idées à contempler pour vous offrir une vie épanouie.

Ce que nous nous représentons sans cesse dans notre esprit se manifeste par les mots que nous prononçons à l'intention des personnes qui nous entourent. Ce que nous disons constamment devient ce que nous manifestons physiquement. Ce que notre esprit subtil n'a jamais rencontré ne se manifeste pas. Ce qui a cessé d'occuper notre esprit se dissipe avec le temps. Par conséquent, la manifestation du bonheur commence par la recherche et l'établissement de la signification du bonheur à dépeindre. Le secret de la construction du bonheur est de savoir avec quelles pensées et images se familiariser, et lesquelles abandonner. Par conséquent, plus tôt vous commencerez la quête de votre réponse, mieux ce sera.

4. KARMA

Ce n'est pas parce que vos mauvaises actions passées ont conduit à une situation défavorable que vous devez vous laisser aller à la souffrance. Réagissez positivement et faites des choix vertueux, à chaque instant.

Le karma, ce n'est pas le destin. Tout le monde mérite le bonheur, qu'il soit passager ou ultime, en dépit de ce que nous avons fait par le passé. Les actions laissent des empreintes dans l'esprit qui se dissolvent comme lorsque nous écrivons sur l'eau ; ainsi, nous avons tous le potentiel pour évoluer. Ne laissez donc pas vos amis souffrir parce qu'ils ont fait quelque chose de non vertueux par ignorance. De même, ne vous contentez pas de vivre dans la souffrance. Prenez chaque seconde comme une opportunité de naissance, complète, pour une vie nouvelle et vertueuse. Laissez la souffrance derrière vous, auprès du passé qui n'est plus, et saisissez l'occasion de vous élever vers la vertu à chaque instant qu'il vous est donné de vivre.

5. PRIÈRES

Le bonheur tangible s'accumule seconde après seconde au niveau de l'esprit subtil. À chaque instant, dirigez votre attention vers le souhait que tout le monde puisse accéder au véritable bonheur.

Les changements tangibles dans l'esprit et le corps s'accumulent seconde après seconde au niveau du mental subtil. Chaque seconde durant laquelle notre esprit se concentre paisiblement sur des images et des souhaits vertueux se manifestera tôt ou tard sous forme de bonheur et de bénédictions dans notre vie concrète. Toutes les souffrances tangibles reflètent les secondes perdues en raison d'un manque ou d'une perte de concentration sur la vertu au niveau du mental subtil. C'est à ce moment-là que l'esprit tombe dans le piège de la visualisation des problèmes et de la souffrance. Faites donc en sorte que chacune de vos secondes compte. Seconde après seconde, dirigez votre attention vers les bienfaits de la vie. Combien de secondes par jour votre esprit demeure-t-il dans la tranquillité des prières de compassion pour tous les êtres sensibles ?

6. VERTU

La vertu se construit sur une attitude stable de non-nuisance à l'égard d'autrui. Il faut un certain entraînement avant de développer une telle attitude. C'est le meilleur investissement que vous puissiez faire de votre temps, car tout bonheur découle de la vertu.

La bienveillance aimante consiste à souhaiter le bonheur d'autrui. La compassion consiste à vouloir la fin de la souffrance d'autrui. Un amour puissant et bienveillant consiste à souhaiter que tous les êtres sensibles atteignent le bonheur ultime du plein éveil ou de l'« esprit omniscient ». La grande compassion consiste à souhaiter que tous les êtres sensibles soient libérés de la souffrance liée à la naissance, au vieillissement, à la maladie et à la mort, ce qui inclut tous les types de souffrance. Il s'agit là de facteurs mentaux vertueux. Lorsqu'elles sont motivées par ces facteurs mentaux vertueux, nos actions mentales, verbales et physiques sont vertueuses. Les actions vertueuses constituent un karma positif qui génère le bonheur. Un état mental vertueux est un état qui, d'un seul point de vue, maintient une intention subtile de bienveillance aimante et de compassion à l'égard de tous les êtres sensibles. Pour construire le bonheur, il faut entraîner l'esprit à demeurer dans la félicité d'un état mental vertueux.

7. DÉVOUEMENT

Le dévouement permet de préserver les fruits de votre dur labeur. Veillez donc à consacrer tous vos mérites à la meilleure des causes : l'illumination de tous les êtres sensibles.

Pour qu'une action vertueuse génère de grands mérites, elle doit être accomplie avec dévouement. Le dévouement, c'est comme récolter les fruits d'un dur labeur puis bien les conserver pour qu'ils ne pourrissent pas dans les champs. La meilleure façon de consacrer les mérites des actions vertueuses est d'éclairer tous les êtres sensibles. De cette façon, les effets positifs de chaque action vertueuse se répercutent continuellement jusqu'à ce que tous les êtres sensibles accèdent à la pleine illumination. Faites donc du dévouement votre habitude préférée. Après chaque bonne action, aussi insignifiante qu'elle puisse paraître, dédiez-en immédiatement les mérites à l'éveil de tous les êtres sensibles. De même, à la fin de chaque journée, prenez l'habitude de dédier les mérites de toutes vos actions vertueuses accomplies depuis les temps immémoriaux à l'éveil de chaque être sensible. Le dévouement est en soi une action vertueuse. Alors profitez-en !

8. SPÉCIFICITÉS

Votre situation actuelle peut ressembler à telle ou telle circonstance typique. Cependant, cela ne sera jamais le cas. Prêtez attention aux spécificités et aux détails cruciaux de ce qui se passe ici et maintenant.

La pensée conceptuelle est basée sur des images génériques ou des significations abstraites. La réalité est une situation avec des détails spécifiques. La perception directe peut être illustrée comme le fait de voir une situation spécifique telle qu'elle est, au lieu d'essayer de la faire entrer dans une catégorie générique. La première permet de prendre des mesures pertinentes au bon moment. La seconde est trompeuse lorsqu'il s'agit de répondre à une situation spécifique, car le plan « clés en main » pour une catégorie générale de situations ne tient pas compte de tous les détails cruciaux.

9. IMPRESSION

Quand vous pensez à quelqu'un, l'image que vous avez en tête est l'impression que vous avez de cette personne sur la base de vos rencontres passées. Il ne s'agit pas de la personne elle-même.

L'image mentale que vous vous faites d'une personne se résume à l'impression que vous avez de cette personne sur la base d'instantanés de rencontres passées. Votre esprit conceptuel renferme une personne par le biais de cette image mentale. La personne réelle, cependant, n'est pas une image statique. Elle évolue de manière dynamique à chaque nouvelle expérience, seconde après seconde. Ainsi, lorsque vous pensez à quelqu'un, rappelez-vous que vous ne pensez qu'à une impression de cette personne, basée sur des informations non exhaustives. De ce fait, l'émergence d'une impression négative à votre esprit ne conduira pas à des commentaires négatifs sur cette personne, qui impliquent qu'elle est ainsi de façon intrinsèque. Pour accumuler du karma positif, il faut souhaiter qu'elle se libère des défauts que vous percevez dans l'impression négative que vous avez d'elle. Chaque fois que nous avons une pensée négative à propos de quelqu'un, c'est une bonne occasion de contempler comment une personne (nous-mêmes, par exemple) peut se libérer de ces défauts.

10. DÉFAUTS

Lorsque vous percevez des défauts chez les autres, c'est une occasion en or de vérifier si les critères de jugement que vous portez dans votre esprit sont pertinents.

Le défaut que je perçois chez mon vénérable gourou est le reflet de l'imperfection de mon propre esprit. Le défaut est, par nature, une impression mentale que j'ai de mon gourou dans telle ou telle situation spécifique, générée par mon propre esprit. L'esprit qui pense habituellement à la bonté voit la bonté chez les autres. L'esprit qui a tendance à juger recense les défauts chez les autres. Sachant que mon gourou n'a pas réellement ce défaut, je cherche à aplanir les aspérités de mon propre esprit. Ainsi, je me libère de la norme arbitraire que j'ai établie pour juger. Un monde sans défaut est un monde rempli d'appréciation, de gratitude et d'images aimantes de tous les êtres sensibles.

11. OBSERVATION

La première personne qui se trouve perturbée émotionnellement par un commentaire négatif est celle qui l'émet. On n'est en mesure d'observer des informations factuelles que si notre esprit conserve son calme et demeure exempt de tout jugement.

Il est mal élevé de porter des jugements sur autrui. Cela revient à étiqueter la personne avec une opinion figée qui se fonde sur des impressions instantanées saisies de façon ponctuelle. Pour autant, renoncer à porter des jugements ne signifie pas renoncer à l'observation d'informations factuelles. En réalité, le fait d'émettre des jugements empêche d'avoir une vision impartiale des événements. Les informations factuelles ne peuvent être observées qu'avec un esprit exempt de tout jugement sur les personnes et les objets. En effet, la première personne à se trouver émotionnellement perturbée par un commentaire négatif, c'est celle qui l'émet. Ainsi, les décisions fondées sur des observations exemptes de commentaires mentaux sur les personnes et les objets sont en réalité prises avec une bien meilleure lucidité : elles sont moins biaisées.

12. LE MOI

En vous attribuant des qualités intrinsèques basées sur des événements passés, vous vous limitez au passé, alors même qu'il n'est plus d'actualité. Optez plutôt pour une perspective nouvelle et une attitude vertueuse à chaque nouvel instant qui vous est offert.

Comment vous percevez-vous ? Comme un empilement de diverses qualités inhérentes ? Ou comme un continuum mental et physique, en perpétuelle évolution en fonction de causes et de conditions spécifiques ? L'image que vous avez de vous-même dans votre esprit s'est forgée avec des pièces de puzzle d'une somme d'impressions découlant d'événements passés, ainsi qu'avec le souhait de modifier ou d'améliorer ces impressions. Si, sur la base de cette image, vous vous considérez comme étant intrinsèquement comme ceci ou comme cela, vous vous trouverez limité par des événements passés spécifiques qui ne sont plus d'actualité. Si vous considérez que vous disposez d'une chance de renaître à chaque instant, alors vous serez libre d'adopter une attitude vertueuse à chaque instant. C'est ainsi que l'on se construit une vie heureuse.

13. BONHEUR

Les sensations mentales et physiques agréables constituent des bonheurs ponctuels et conditionnels. Accédez au véritable bonheur en entraînant votre esprit à demeurer dans la tranquillité de la vertu.

Les sensations agréables sur le plan mental et physique sont, par nature, le soulagement temporaire de sensations désagréables. Par exemple, manger procure une sensation de satisfaction parce que cela nous soulage de l'inconfort de la faim. Il s'agit d'un bonheur conditionnel, car si l'on est déjà rassasié, le fait de manger davantage générera une impression de surcharge, de malaise corporel. Le soulagement sera ponctuel car après quelques heures, la sensation de faim revient, exigeant de nouveau qu'on l'apaise. Le véritable bonheur s'obtient en entraînant notre esprit à demeurer dans la tranquillité de la vertu. Un état mental vertueux est une intention subtile et soutenue de bonté envers tous les êtres sensibles. Entraînez-vous à effectuer une pause de quinze minutes chaque jour pour cesser de rechercher un soulagement passager : appréciez alors la tranquillité qu'offre l'esprit vertueux. C'est un vrai bonheur !

14. PASSÉ

S'accrocher à ses souvenirs, c'est vivre dans l'illusion. Saisissez l'opportunité du moment présent pour vous construire une vie heureuse, pour vous et pour tous.

Vous ressassez constamment une situation pénible qui est survenue hier ? En réalité, cet incident n'existe plus. Comme tous les événements passés. Même si vous retournez au même endroit avec les mêmes personnes, vous ne pourrez pas reconstituer ce qui s'est produit exactement de la même manière. En effet, l'environnement et les personnes auront évolué depuis hier. L'événement d'hier résultait d'un ensemble spécifique de causes et de conditions qui ne sont pas reproductibles. Ce que vous rejouez sans cesse, c'est votre impression de ce qui s'est passé hier – comme si vous regardiez un enregistrement vidéo pris sous un angle particulier. De plus, en relisant votre enregistrement, vous l'étalonnez avec des couleurs de sentiments négatifs tels que l'apitoiement sur soi, la tristesse et la colère. Alors, que choisissez-vous de faire de votre précieuse vie humaine ? Vous cacher dans un coin en rejouant sans cesse le même film, en vous confortant dans vos sentiments négatifs afin d'y être de plus en plus enclin ? Ou bien vous dirigez-vous vers la lumière du soleil de la sagesse et de l'émancipation afin de construire un monde florissant et éclatant pour tous vos amis et votre famille ?

15. PLAN

Un plan est une simulation mentale de la façon dont il faut réagir à ce qui est susceptible d'advenir. Il n'est pas nécessaire de rester attaché de façon rigide à vos projets. Réagissez spontanément à la situation concrète qui se présente à vous.

Un plan, ce n'est pas la réalité future, car il est établi avant le moment où toutes les informations relatives à la situation future sont disponibles. Il n'y a donc pas lieu de s'énerver parce que les choses n'évoluent pas selon votre plan. Un plan, ou projet, n'est utile qu'en tant que simulation mentale de votre réaction de préférence face à ce qui est susceptible d'advenir, compte tenu des informations disponibles ici et maintenant. Un plan peut aussi impliquer certaines recherches et l'acquisition de connaissances pertinentes quant à votre situation. Cependant, trop s'attarder sur la mise en œuvre de votre plan mènera à un rejet obstiné de la réalité d'un large éventail de possibilités. Sachant que la planification est une question d'apprentissage, les courageux surfent sur les vagues de l'incertitude en prenant des décisions spontanées en réaction à des situations ponctuelles.

16. LE MOMENT PRÉSENT

Le moment présent est le seul qui mérite votre attention. L'instant qui précède appartient au passé, et le suivant n'est pas encore né.

C'est sur ce seul moment que les sages concentrent leur attention. C'est là que tout advient. L'opportunité qui se présente au moment présent n'est qu'éphémère ; ce moment évolue constamment vers l'avant. Ceux qui apprennent à demeurer ou à aller de l'avant avec ce moment présent saisissent tout ce que la vie a à offrir. L'esprit qui s'attarde sur les événements passés ou les projets à venir n'est pas en contact avec ce qui se passe ici et maintenant, et manque ainsi la seule occasion de créer du bonheur pour soi et pour les autres. Pour saisir cette opportunité, il faut entraîner notre esprit à demeurer dans l'intention vertueuse de la bienveillance aimante envers tous, qu'il s'agisse d'amis ou d'ennemis.

En dépit des conditions extérieures et de ce que vous ressentez intérieurement, concentrez-vous sur le fait de générer de la vertu : mentalement, verbalement et physiquement. De cette façon, vous ne connaîtrez plus de problèmes liés au passé, ni de soucis pour l'avenir, parce que vous aurez saisi toutes les opportunités de générer un moment présent lumineux. Ce moment présent est le seul qui existe, car le passé n'est que le dernier moment présent qui s'est écoulé, et le futur n'est que le prochain moment présent qui n'est pas encore advenu.

17. CONTRARIÉTÉ

Un sentiment d'agacement mineur, s'il n'est pas maîtrisé, peut se transformer en une colère brûlante. Prévoyez toujours du temps pour ramener votre esprit à la paix.

Prenez le temps d'examiner votre état mental. Vous sentez-vous émotionnellement contrarié ? Il est important de ramener votre esprit à un état sain afin qu'un sentiment d'agacement ne se transforme pas en colère brûlante.

Tout d'abord, ramenez votre esprit à la paix en vous disant : « Voici à présent un moment de calme pour les éléments terre, eau, feu et vent dans mon corps. Voici un moment de calme pour mes yeux, mes oreilles, mon nez, ma langue, ma peau, mon pouvoir sensoriel mental et ma conscience sensorielle. » Ensuite, remplissez votre esprit et votre corps de l'énergie joyeuse de la bienveillance aimante en comptant toutes les bénédictions de votre vie que vous avez considérées comme allant de soi, aussi petites et banales qu'elles puissent paraître. Pensez à de belles paroles de gratitude envers tous ceux qui, par leur diligence quotidienne, ont contribué à votre substance vivante et à votre bien-être. Répétez ce processus jusqu'à ce que vous vous sentiez en paix et confiant.

Vous êtes désormais prêt à examiner la source de votre contrariété et à constater qu'il s'agit en fait de votre impression mentale de la personne/situation qui vous contrarie, plutôt que la réalité, qui ne cesse d'évoluer.

18. MOTIVATION

La motivation la plus profonde se nourrit en cultivant une grande compassion. Cultivez-la en vous fixant toujours l'intention pure de faire profiter les autres de ce que vous faites.

Le facteur le plus important pour le bien-être spirituel, c'est la juste motivation. Les personnes de bonne humeur bénéficient d'une motivation positive. La motivation la plus puissante, c'est la grande compassion. Cultiver la grande compassion constitue la voie vers le plein éveil. La motivation pure, c'est ce qui sépare les personnes vertueuses de celles qui ne le sont pas. Observez donc comment vous pouvez aider les autres dans votre travail quotidien. Faites en sorte que votre souhait que les autres soient heureux et libérés de la souffrance devienne la motivation profonde de vos activités quotidiennes. Prenez l'habitude de générer cette motivation pure dès votre réveil chaque matin. Telle est la clé d'une existence pleine de sens.

19. COMPASSION

La grande compassion repose sur une intention pure, libre de toute emprise émotionnelle sur ceux que vous cherchez à aider. C'est en étant en paix avec soi-même qu'on peut le mieux se mettre au service des autres.

La compassion ne consiste pas à endurer la souffrance d'autrui. La compassion consiste à aider les autres à accomplir la vertu. Si le fait de passer du temps auprès de vos amis ne fait que leur donner l'occasion de répéter une mauvaise habitude, la meilleure façon d'aider vos amis est de vous défaire de cette emprise émotionnelle. Recherchez la paix et l'émancipation ; offrez-vous l'espace mental nécessaire pour profiter des bienfaits de la vie. Ceux qui ont atteint le bonheur ont véritablement laissé la souffrance derrière eux pour s'engager dans le bonheur. Lorsque vous serez vous-même en paix, vous serez en mesure d'offrir une aide réelle à vos amis.

20. HUMILITÉ

Réfrénez votre inclination à défendre votre propre sens de la justice. Pour favoriser des débats fructueux, cultivez plutôt une attitude d'humilité.

L'humilité, c'est le contraire de l'orgueil. L'orgueil est un sentiment de supériorité par rapport aux autres. Il se manifeste souvent par une attitude profondément ancrée : « Je ne peux pas me tromper. » En conséquence, les discussions fructueuses sont souvent compromises parce que notre attention est détournée du sujet réel pour défendre notre certitude d'avoir raison. Avec une attitude humble, on se considère en revanche toujours comme inférieur aux autres. La véritable humilité se manifeste par une posture dans laquelle on ne ressent pas le besoin de défendre le fait que « j'ai raison » ou que « je n'ai pas complètement tort » ou encore d'établir que « cela, je le savais déjà ».

21. RÉJOUISSANCE

L'un des secrets les mieux gardés pour accéder au bonheur est de féliciter systématiquement nos rivaux. Réjouissez-vous de leur succès et de celui d'autrui, ainsi que du vôtre.

La réjouissance, c'est l'antidote de la jalousie. La jalousie est un sentiment de contrariété en réaction à la découverte ou à la perception d'événements heureux qui arrivent aux autres. Se réjouir, c'est se sentir heureux des choses positives qui se produisent pour autrui. La jalousie conduit à des actions mentales, verbales et physiques non vertueuses qui s'avèrent nuisibles ou offensantes pour les autres. La réjouissance, elle, est un facteur mental vertueux.

Se réjouir de la fortune et des réussites d'autrui constitue une excellente habitude à prendre. Les bénéfices accumulés en se réjouissant des vertus d'autrui sont aussi nombreux que ceux accumulés en pratiquant soi-même ces vertus. Réjouissons-nous donc de notre propre bonheur et de nos propres réussites ! Réjouissons-nous du bonheur et des réussites de nos amis ! Réjouissons-nous de tout cœur du bonheur et des réussites de nos rivaux !

Notre esprit fonctionne de telle sorte que nous projetons nos propres aspirations sur ceux que nous admirons. Le fait de constater l'échec des efforts des autres ne fait que renforcer notre propre insécurité. Par conséquent, tout ce que nous voyons advenir – ou, plus précisément, tout ce que nous imaginons advenir – aux autres a un impact psychologique énorme sur nous-mêmes. Par conséquent, si l'on aspire au succès, il faut célébrer la réussite de tout un chacun. Ceux qui tentent d'affaiblir les autres s'affaiblissent eux-mêmes. Ainsi fonctionne la loi du karma à un niveau plus profond.

22. REMORDS

Les remords ne doivent pas se transformer en autopunition ou en dépression. Célébrez plutôt le fait que vous ne reproduirez plus l'action non vertueuse qui vous a causé des remords.

Les remords ne consistent pas à se dévaloriser. Il ne s'agit pas non plus de punition. Il s'agit en réalité de définir les comportements auxquels renoncer pour son bien-être et celui d'autrui.

Selon les « douze grands souhaits » du bouddha de médecine, chaque être sensible mérite le meilleur en tous domaines : une bonne santé, une vaste richesse, une bonne apparence, des facultés sensorielles et mentales correctes, un esprit paisible et aimant, l'absence d'habitudes non vertueuses, l'absence de toute souffrance mentale et physique, la réalisation de la sagesse et l'atteinte de l'illumination totale.

Ainsi, dès que vous prenez conscience de vos mauvaises actions, il vous suffit de vous excuser, de demander pardon et de prendre la ferme résolution de ne pas les répéter. C'est ainsi que vous les laisserez derrière vous. Il est bon de reconnaître ses propres fautes. L'embarras et le remords sont des facteurs mentaux vertueux qui nous dissuadent de répéter ce qui n'est pas vertueux. Cependant, il n'est pas nécessaire de sombrer dans la crainte de l'autopunition. Le choix le plus sage est de laisser le passé au passé, et de concentrer son attention sur l'accumulation de mérites vertueux ici et maintenant.

23. AFFLICTIONS MENTALES

Soyez attentif aux facteurs mentaux présents à votre esprit. Lorsque la présence de facteurs mentaux non vertueux est forte, le choix le plus judicieux consiste à ne rien dire ni faire.

L'ignorance, l'attachement, la colère, l'orgueil, la jalousie et le doute constituent les six afflictions mentales fondamentales. Les activités mentales, verbales et physiques induites par ces afflictions mentales sont des actions non vertueuses. Lorsque la colère, l'orgueil et la jalousie sont présents à notre esprit, les facteurs mentaux vertueux - la bonté et la compassion - ne le sont pas. Ils s'excluent mutuellement. Les actions accomplies avec bienveillance aimante et compassion sont vertueuses. Soyez attentif aux facteurs mentaux présents à votre esprit. Lorsque la présence de facteurs mentaux non vertueux est forte, le choix le plus judicieux consiste à ne rien dire ni faire. Ajustez votre état mental en commençant par vous apaiser des émotions négatives, puis en méditant vigoureusement sur la question de la bienveillance aimante et la compassion.

24. ATTACHEMENT

Le secret d'une relation saine réside dans la bienveillance aimante que l'on porte à son partenaire.

L'attachement n'est pas l'amour. L'attachement est fondé sur l'idée que « cela me profite ». L'amour est fondé sur l'idée que « cela profite à l'autre ». Les relations fondées sur l'attachement s'effondrent lorsqu'elles nous coûtent trop cher à entretenir. Les relations qui se basent sur l'amour sont éternelles. Les relations fondées sur l'attachement sont épuisantes. Les relations qui se basent sur l'amour nourrissent la vie. Ceux qui donnent de l'amour généreusement, sans se demander si cela en vaut la peine, jouissent d'un flux constant de chaleur et d'un foyer où prospère la joie.

25. COLÈRE

C'est la colère qui est à l'origine des comportements blessants, et non la personne qui est en colère. Aidez-vous et aidez les autres à soulager la frustration qui conduit à se retrouver sous l'emprise de la colère.

Si quelqu'un vous crie dessus, c'est qu'il est submergé par la colère. La colère est un état mental affligeant qui commence par une frustration croissante lorsque quelque chose qui semble très désagréable et menaçant occupe l'esprit. La colère éclate lorsque la frustration ne peut plus être ravalée. Lorsque nous nous calmons après une colère, nous prenons généralement conscience que la situation n'est pas si grave que cela. Par conséquent, il n'y a pas lieu de se sentir visé lorsque quelqu'un se montre en colère contre vous. En effet, l'objet de la colère, ce n'est pas vous, mais une image mentale dans l'esprit de l'autre. De même, il n'y a pas lieu de blâmer l'autre, parce qu'il n'est pas intrinsèquement colérique. C'est l'ignorance et la colère qui sont à l'origine de la discorde. Si vous travaillez l'un avec l'autre, vous serez capable de vaincre le véritable ennemi en détectant les malentendus qui sont à l'origine de la frustration, et en les éliminant avant de tomber tous deux dans l'état mental affligeant de la colère.

26. LÉTHARGIE

La léthargie est une situation ponctuelle. Elle n'est pas une qualité inhérente. Vous pouvez vaincre la léthargie en nourrissant régulièrement votre corps et votre esprit.

Avez-vous souvent une impression de fatigue physique, ou la sensation que votre esprit manque de motivation ? Cet état n'est pas inhérent à notre nature. Il se manifeste à différents moments en raison de causes et de conditions spécifiques. Cependant, si vous vous y identifiez en pensant « je suis comme ça », vous intégrez cela comme une sorte de réglage par défaut de votre ordinateur mental. Dans ce cas, vous laissez cet état imprimer une marque de plus en plus profonde dans votre esprit, et vous devenez ainsi plus vulnérable aux divers déclencheurs qui vous y attirent.

Le choix le plus sage consiste à identifier l'apparition de la léthargie pour être en mesure de la rejeter fermement. De cette façon, vous réinitialisez votre ordinateur mental et vous vous libérez de la léthargie. Cherchez refuge dans la puissante vertu de la grande compassion. Au lieu de vous laisser envahir par des sentiments négatifs, concentrez-vous sur le souhait que tous les êtres sensibles soient protégés par le cœur chaleureux de la bienveillance aimante. Renouvelez ce vœu toutes les quelques secondes, en l'accompagnant d'activités faciles et nourrissantes qui favorisent votre régénération mentale et physique. Sachant qu'elle est ponctuelle, laissez passer la léthargie sans vous y attacher. Soyez déterminé à vous en libérer afin de pouvoir offrir votre précieuse contribution à votre entourage. Pratiquer régulièrement la régénération mentale et physique, tel est le moyen de transcender la léthargie.

27. CONSCIENCE DE SOI

La quête d'approbation extérieure s'avère stérile et épuisante. La désapprobation des autres est une projection de votre propre esprit. La meilleure façon pour vous de gagner en confiance est de développer une intention pure.

Observez comment vous dépensez votre énergie au travail. Quelle part de votre attention est consacrée à l'exécution des tâches proprement dites, et quelle part est consacrée à laisser une bonne impression ? Si être consciencieux est une qualité, ressentir le besoin de faire ses preuves ou s'inquiéter de ne pas être à la hauteur se révèle contre-productif. Cela vous coûte de l'énergie, ne vous apporte aucun bénéfice, et charge vos heures de travail en émotions. Non seulement cela perturbe votre clarté mentale durant votre travail, mais cela vous met aussi de mauvaise humeur après vos heures de bureau.

Ces émotions négatives trouvent leur origine dans l'orgueil et la jalousie – des afflictions mentales qu'il faut abandonner si l'on désire vivre une vie épanouie. Le choix le plus sage est donc d'apprécier votre travail avec la pure motivation d'en faire profiter les autres. Travailler avec une intention pure, c'est le moyen de s'assurer que vos efforts porteront leurs fruits pour vous et pour autrui. Une fois que nous sommes dans la bonne direction, il ne nous reste qu'à nous concentrer sur chaque tâche spécifique, une après l'autre, et à nous montrer reconnaissants de l'occasion qui nous est donnée d'apprendre.

28. ANXIÉTÉ

L'anxiété est une peur résultant de l'incertitude. Le moyen de réduire l'anxiété face à quelque chose est d'en savoir plus sur le sujet. Vous serez surpris de constater tout ce que vous savez, et que vous pouvez donc déjà gérer.

L'anxiété, c'est la peur de l'inconnu. Si nous savons exactement de quoi il retourne – bon ou mauvais –, nous sommes en mesure de réagir de manière optimale et de nous adapter. Par conséquent, pour réduire l'anxiété liée, par exemple, à un examen ou à un entretien d'embauche, il convient de s'informer, puis de formuler et de mettre en œuvre des plans d'action fondés sur les informations dont nous disposons, étape par étape. Si vous pratiquez cette méthode, vous serez étonné de constater tout ce que vous savez déjà. Ainsi, l'anxiété envahissante se réduira et se dissipera au fur et à mesure que votre confiance se développera.

Plus on est solide du point de vue spirituel, moins on a de risques d'éprouver de la peur dans une situation quelconque. Posez vos mains sur votre cœur et prononcez votre propre nom à voix haute à trois reprises, avec l'intention claire que votre énergie spirituelle se concentre sur la vertu et s'ancre dans votre corps. Focalisez votre esprit sur le mantra de la Compassion « OM MANI PEME HUM » ou sur des pensées de gratitude envers toute nourriture spirituelle. Réfugiez-vous dans les vertus de la bienveillance aimante et de la compassion pour devenir plus fort chaque jour !

29. PRESSION SOCIALE

***La certitude naît de l'examen objectif des situations.
Appréciez vos sources de pression externes,
car elles vous encouragent à atteindre la clarté mentale.***

Vous sentez-vous contraint d'effectuer un choix inconfortable ? La pression n'est pas externe. On ne ressent une pression que si l'on est d'accord avec au moins certaines des raisons d'effectuer ce choix.

Au lieu de vous irriter contre les sources extérieures de pression, le moment est venu de prendre le temps d'examiner les avantages et les inconvénients de ce choix dans votre propre esprit. Quels sont les sentiments de malaise qui reposent sur des faits ? Quels sont ceux qui sont déclenchés par une question sans aucun rapport avec le sujet ? Quelle raison de faire ce choix s'avère sensée et vertueuse ? Laquelle n'est, finalement, qu'une requête déraisonnable ?

La certitude naît de la paix intérieure. Considérez les pressions extérieures comme des encouragements à gagner en lucidité mentale en examinant la situation de façon objective.

30. PERTE

D'une façon ou d'une autre, l'argent dont vous vous êtes délesté est en train de nourrir quelqu'un d'autre. Ce quelqu'un peut être votre famille perdue de vue depuis longtemps.

Vous connaissez une mauvaise passe financière ? La bonne nouvelle est que vous venez de régler une ou plusieurs dettes karmiques. Les dettes karmiques produisent des intérêts ; par conséquent, plus vite elles sont réglées, plus vite votre esprit s'apaise. Soyez reconnaissant envers ceux qui vous ont aidé à apporter votre argent à ceux que vous n'auriez pas pu atteindre vous-même. D'une façon ou d'une autre, l'argent que vous avez « perdu » met de la nourriture sur la table de quelqu'un et aide à prendre soin d'une famille. Cette personne doit être votre famille perdue de vue depuis longtemps. Prenez un moment pour faire le vœu que celle-ci profite de votre généreux don.

31. LIMITATION

Tout nouvel enrichissement est le fruit d'un franchissement d'obstacles. Les obstacles ne sont pas externes. Ils sont le reflet de vos propres croyances limitantes sur la façon dont les choses peuvent se faire.

Vous avez réfléchi à un nouveau projet dynamique qui ouvrirait votre vie à de nouveaux horizons ? Ce projet vous semble-t-il hors de portée, financièrement ou sous tout autre angle ? Certains aspects du projet vous donnent-ils l'impression qu'il sera difficile ou pénible à réaliser ? Il est temps de formuler ce projet en l'examinant objectivement.

Tout d'abord, ce projet profite-t-il à autrui ? Autrement dit, comment ce projet peut-il profiter au plus grand nombre possible d'êtres humains ? Êtes-vous déterminé à le concrétiser ? Deuxièmement, si vous êtes déterminé à le concrétiser, comment ce projet peut-il être mis en œuvre par étapes afin qu'il soit financièrement réalisable à mesure que vous accumulez de l'expérience ? Troisièmement, quelles compétences seront nécessaires pour gérer les aspects complexes du projet ? Souhaitez-vous acquérir ces compétences ou capacités ?

Tout nouvel enrichissement passe par le franchissement d'obstacles. Les obstacles ne sont pas externes. Ils sont le reflet de vos propres croyances limitantes quant à la façon dont les choses peuvent se faire. Si cette nouvelle orientation génère des opportunités pour ceux qui vous sont chers, êtes-vous prêt à élargir votre perspective afin de transcender ces limitations ? Êtes-vous déterminé à transcender vos propres limites afin de mieux servir les êtres sensibles qui vous entourent ?

32. ATTENTES

Ce que quelqu'un devrait être capable de faire est l'idée, l'attente mentale que vous avez de cette personne ; il se peut qu'elle ne reflète pas la réalité de ce que la personne serait réellement capable de faire.

Avez-vous été contrarié par le comportement immature d'une personne adulte ? Si tel est le cas, la raison de votre colère n'est guère fondée. Ce qu'une personne devrait être capable de faire correspond à l'idée que vous vous faites d'elle, et non à ce qu'elle est en réalité capable d'accomplir. Votre raison d'être en colère est infondée parce que vous avez pris une personne immature pour une personne mature à ce moment-là. Il est sage de lui accorder la même patience qu'à une personne immature, dans ce cas. Toutefois, veillez à ne pas déduire de cet incident particulier que la personne est fondamentalement immature ; vous pourriez être surpris de constater à quel point elle est mature lors d'une autre occasion.

33. UN MOMENT POUR PENSER À VOUS ?

La façon la plus compatissante d'aider ses amis est de leur faire part de vos idées tout en respectant leurs choix. Pour accéder au bonheur, ils doivent agir comme il se doit et de leur propre chef.

Êtes-vous las d'essayer d'aider un ami ? Avez-vous l'impression que votre compassion à son égard vous épuise ? La vérité est qu'il faut le soutien de la sagesse pour accomplir certains actes de compassion. Avez-vous essayé d'aider votre ami ou de l'orienter vers le bonheur selon votre propre définition ? Si c'est le cas, cela sera fatigant car vos efforts seront contrariés. Avez-vous prévu du temps pour vous rafraîchir l'esprit et le corps chaque jour ? La compassion n'est pas la cause directe de la fatigue, mais le fait de ne pas savoir quand s'accorder une pause. Sans une routine quotidienne appropriée visant à régénérer l'esprit et le corps, la fatigue nous gagnerait quoi que l'on fasse. Pour atteindre le bonheur, il faut accomplir des actes vertueux de sa propre volonté. C'est la loi du karma. Ainsi, la façon la plus compatissante d'aider ses amis est de partager ses idées tout en respectant leurs choix.

34. RÉGÉNÉRATION

L'ingrédient secret de l'épanouissement, c'est la capacité à se maintenir en bonne forme. Le secret d'une bonne santé n'est autre qu'une alimentation régulière du corps comme de l'esprit.

Vous sautez des repas et réduisez votre temps de sommeil pour travailler davantage ? L'ingrédient secret de l'épanouissement, c'est en réalité la capacité à se maintenir en bonne forme, tant physique que mentale. Le secret d'une bonne santé n'est autre qu'une alimentation régulière, du corps comme de l'esprit. Ainsi, lorsque vous vous sentez déprimé, prenez simplement un moment pour vous ressourcer avant de conclure que vous avez tel problème mental et tel problème physique. Il ne faut guère longtemps pour se régénérer. Effectuez une méditation de cinq minutes sur la bienveillance aimante et la compassion, prenez une collation saine et nutritive et laissez le passé derrière vous. Vous vous sentirez complètement renouvelé et prêt à porter un regard neuf sur les choses, afin de contribuer en toute humilité au bien-être d'autrui. Avec une meilleure clarté mentale, vous serez plus efficace et disposerez ainsi de suffisamment de temps pour tirer profit de vos repas et de votre sommeil.

35. CULPABILITÉ

La culpabilité ne fait que vous enfermer dans le passé. Veillez à générer de la bonté ici et maintenant. L'une des façons d'y parvenir est d'offrir le mandala de la Compassion à tous les êtres sensibles.

Une mauvaise action passée particulière a-t-elle occupé votre esprit ces derniers temps, malgré le fait que vous l'ayez traitée et purifiée à l'aide de diverses méthodes ? Si vous avez appliqué les méthodes correctes des quatre pouvoirs pour nettoyer le karma négatif de cette action particulière (voir « Rituel de purification du karma négatif » dans l'introduction), il est très important que vous soyez convaincu que le karma négatif de cette mauvaise action a été purifié. Ce qui se passe, c'est que certains événements actuels vous ramènent au souvenir de cette action passée. Par conséquent, la purification réitérée de l'action passée spécifique n'aide pas ; au contraire, elle risque de devenir un appât pour vous piéger dans le passé, qui n'existe plus. La façon de s'en sortir, c'est donc de focaliser votre attention sur le présent.

Si vous n'êtes pas sûr du comportement particulier à corriger maintenant, le choix le plus sage sera de répondre aux environnements vertueux et non vertueux avec une intention vertueuse. Pour ce faire, vérifiez toujours si votre esprit est aligné sur la bienveillance aimante et la compassion à l'égard de tous, en particulier de ceux que vous trouvez irritants. Ainsi, au lieu de vous en vouloir à chaque fois qu'une image culpabilisante émerge, engagez votre esprit dans la méditation sur la compassion envers tous les êtres sensibles, et notamment ceux qui vous ont récemment mis mal à l'aise.

36. ACTIONS

Ce qui distingue les voies d'action vertueuses de celles qui ne le sont pas, ce sont les facteurs mentaux qui les motivent. Cultiver des facteurs mentaux vertueux est donc la clé du bonheur.

Une action qui entraîne des effets positifs ou négatifs dans le futur comporte quatre aspects : la base, l'attitude qui conduit à la motivation, la mise en œuvre de l'action et l'aboutissement de celle-ci. Par exemple, pour l'action négative de tuer, la base est un être sensible vivant ; l'attitude est un facteur mental affligeant tel que la colère ou un fort attachement, qui conduit à la motivation d'ôter la vie ; la mise en œuvre est l'action de tuer, soit en passant soi-même à l'action, soit en commanditant le geste ; l'aboutissement est que l'être vivant n'est plus en vie à cause de l'action.

L'action vertueuse correspondante consiste soit à s'abstenir de tuer selon le schéma décrit ci-dessus, soit à sauver une vie. L'action vertueuse consistant à sauver une vie est motivée par la compassion – le souhait que l'être sensible soit libéré de la souffrance de la maladie et de la mort. Cultiver une grande compassion et abandonner les facteurs mentaux affligeants constitue donc la clé pour accumuler les causes du bonheur.

37. EFFETS KARMIQUES

Le karma négatif se manifeste par des obstacles qui bloquent la source du bonheur – le choix vertueux. Le moyen de surmonter les obstacles est de s'appuyer sur de puissantes sources de vertu.

Les effets des actions vertueuses se transforment en conditions favorables à l'accomplissement de plus de vertus ; les effets des actions non vertueuses se transforment en obstacles à la jouissance des bénédictions de la vie, ainsi qu'en déclencheurs de l'émergence de facteurs mentaux afflictifs. Ces effets peuvent prendre la forme de conditions externes, de sentiments internes ou de réactions obliques à la situation présente. Tous ces éléments constituent des invitations à accomplir des actions vertueuses ou non vertueuses. Malgré les conditions externes et internes, on a toujours le choix d'accomplir l'une ou l'autre de ces actions. Les choix de chacun en réponse aux conditions externes et internes sont les principales causes des actions qui se produisent à chaque instant. Les personnes qui sont submergées par les obstacles se limitent à « Je dois... ». Ceux qui focalisent leur attention sur la culture de la vertu finissent par accomplir plus de vertus.

Que tous les êtres sensibles prennent refuge dans les Trois Joyaux que sont le Bouddha[1], le dharma[2] et la sangha[3], et qu'ils aient ainsi le courage de choisir les vertus.

---

1. L'Être éveillé, le guide spirituel (NdT).
2. L'ensemble des enseignements bouddhiques (NdT).
3. Communauté des disciples éveillés (NdT).

38. ÉQUANIMITÉ

Les différences entre chaque être sensible sont superficielles. Au niveau le plus profond, tous les êtres sensibles ont la même nature. Concentrez-vous sur ce qui nous est commun afin de construire le véritable bonheur.

Un être sensible est un être vivant doté d'une conscience et de sensations. L'expression « tous les êtres sensibles » s'entend au sens des êtres sensibles des six royaumes : les royaumes des dieux, des demi-dieux, des humains, des animaux, des esprits affamés et des êtres en enfer. Tous les êtres sensibles sont dotés d'un état d'esprit naturel qui s'avère toujours pur et innocent ; tous les êtres sensibles portent en eux la graine de la compassion ; tous les êtres sensibles aspirent au bonheur ; aucun être sensible n'aime la souffrance, et tous les êtres sensibles subissent le vieillissement, la maladie et la mort.

Les différences entre les êtres sensibles individuels sont donc superficielles. Au niveau le plus profond, tous les êtres sensibles possèdent la même nature. Nous concentrer sur les différences limite notre vie à un égoïsme et à une étroitesse d'esprit : on finit par avoir de moins en moins d'amis et de mains secourables autour de nous. Nous concentrer sur ce qui nous est commun constitue la base pour cultiver la sagesse de la grande compassion : on atteint le véritable bonheur de l'omniscience.

Que tous ceux qui aspirent au bonheur le construisent ensemble afin qu'il s'établisse de manière irréversible pour tous les êtres sensibles.

39. LES TROIS JOYAUX

Pour accéder à une puissante source de vertu, cherchez des réponses dans les enseignements de sagesse dispensés par des maîtres authentiques, puis appliquez-les à la résolution des problèmes de la vie quotidienne, en suivant l'exemple de praticiens avancés.

Le Bouddha, le dharma et la sangha sont les Trois Joyaux du bouddhisme. Le dharma comprend 84 000 méthodes pour atteindre la sagesse du bonheur pour les êtres sensibles de différentes dispositions mentales et physiques. Le Bouddha est le maître authentique du dharma. La sangha comprend des pratiquants de haut niveau du dharma qui donnent des exemples tangibles de la manière d'atteindre le véritable bonheur de l'illumination. Pour ceux qui aspirent au bonheur et ne veulent pas souffrir, les Trois Joyaux sont de puissantes forces de protection et d'orientation. Mettez-vous donc en quête de la protection des Trois Joyaux en cherchant dans les enseignements du dharma les réponses aux défis de votre vie quotidienne. La façon d'accumuler les succès consiste d'abord à écouter les enseignements du dharma, puis de contempler leur signification, avant, enfin, d'appliquer ce que l'on a appris aux situations de notre vie quotidienne.

40. MÈRE DES ÊTRES SENSIBLES

Méditez sur toutes les personnes et tous les événements qui ont contribué à votre survie et à votre bien-être. Ce sont eux qui, par leur diligence assidue, ont répondu au jour le jour à tous vos besoins, de première nécessité comme de confort.

La « mère » est le symbole de la protectrice des enfants par sa bienveillance et sa compassion. Une mère pense toujours que ses enfants sont les plus adorables de tous. Elle ne supporterait jamais qu'on fasse du mal à sa progéniture et serait prête à risquer sa propre vie pour assurer sa protection. Prenez un moment pour contempler tous ceux qui nous ont protégés de la famine grâce à leur travail assidu au jour le jour. Par exemple, le riz que je déguste : qui l'a ramené à la maison ? Qui l'a transporté du producteur au supermarché ? Qui a raffiné la céréale ? Qui a préparé la terre, l'a cultivée, qui a récolté le riz ? Il s'agit d'une personne que je pense ne pas connaître et avec qui je pense n'avoir aucune relation. Ce qui me permet de me nourrir, c'est son travail honnête et son humble vœu que quelqu'un apprécie son labeur. Même l'argent dont je dispose pour acheter ce riz provient d'une personne qui a gentiment accepté mes humbles services.

Si nous méditons sur chaque chose qui nous a nourris ou qui nous a été bénéfique, nous faisons le constat que tous les êtres sensibles sont ou ont été nos mères protectrices. Prenons donc un moment pour imaginer la plus belle carte de fête des Mères : envoyons-leur de l'amour à toutes et souhaitons à chacune d'atteindre le véritable bonheur de l'illumination.

41. GRATITUDE

Que la gratitude envers les gourous spirituels et les mères sensibles soit toujours présente à mon esprit, afin que je puisse leur rendre leur protection aimante avec les fruits généreux de mes vertus.

Toutes les actions vertueuses que j'ai réussi à accomplir sont purement dues à la bonté de mes gourous spirituels et de mes mères des êtres sensibles. Les mères des êtres sensibles ont la gentillesse de partager leurs mérites avec moi afin que je bénéficie de bonnes conditions de vie. Ma détermination à libérer les mères des êtres sensibles des afflictions mentales m'a propulsé vers l'avant à chaque étape de l'accumulation des vertus. Mes gourous m'ont gentiment empêché de tomber dans la stupeur de la dispersion mentale. Ils ont partagé leurs mérites avec moi afin que mon esprit puisse se concentrer sur la culture de la sagesse. Que la gratitude envers les gourous spirituels et les êtres sensibles qui nous entourent soit toujours présente à mon esprit afin que je puisse leur rendre leur protection aimante par les fruits généreux des vertus.

42. RECONNAISSANCE

Notre mentalité d'autosatisfaction ronge nos mérites et compromet nos efforts pour atteindre le bonheur pour nous-mêmes et nos amis.
Demandez-vous si votre motivation est pure ou si elle est motivée par le besoin de reconnaissance.

Votre ami s'est-il plaint que vous ne l'aidiez pas, alors que tous les efforts que vous avez déployés pour l'aider en diverses occasions vous reviennent à l'esprit ? Avez-vous été contrarié à ce moment-là et avez-vous ressenti plus tard la tristesse de ce manque de reconnaissance ?

Avant d'envisager de prendre vos distances avec votre ami, prenez le temps d'examiner les raisons pour lesquelles vous vous êtes senti contrarié. Avez-vous aidé votre ami parce qu'il avait besoin d'aide ? Avez-vous aidé votre ami parce que vous aviez besoin de reconnaissance ? Ou était-ce un peu des deux ?

Si vous n'éprouviez pas le moindre besoin de reconnaissance, seriez-vous tout de même contrarié comme vous l'êtes ? Aider quelqu'un parce qu'il a besoin d'aide relève de la compassion, laquelle est vertueuse. En revanche, aider quelqu'un parce qu'on éprouve un besoin de reconnaissance révèle une mentalité égocentrique, qui ne relève guère de la vertu. Par conséquent, ce n'est pas ce que votre ami a dit qui vous a mis en colère, mais bien cette mentalité égocentrique. C'est ainsi que de telles afflictions mentales rongent nos mérites et compromettent nos efforts pour atteindre le bonheur pour nous-mêmes et nos amis. Prenez donc un moment pour remercier votre ami d'avoir dévoilé le véritable ennemi et de vous avoir offert l'occasion de dire non à l'attitude égocentrique. Sans nos bons amis, nous gaspillerions toute notre énergie dans des émotions négatives sans même connaître le vrai coupable.

43. RESPECT

La véritable bienveillance aimante se manifeste par le respect des autres, quelles que soient leurs dispositions mentales. Entourez vos amis de votre tolérance aimante.

Vous voyez votre ami plonger tête baissée dans les mêmes difficultés encore et encore ? Vous vous sentez contrarié par le fait que votre ami peut réduire à néant tous les efforts que vous avez déployés ensemble pour le sortir d'une situation similaire il y a peu de temps ? La réponse la plus sage est de ne pas vous contenter de critiquer votre ami. Examinez ce à quoi il est attaché. Examinez les raisons pour lesquelles il pense qu'il est en train de perdre pied. S'il n'est pas prêt à renoncer à cet attachement, vous pouvez peut-être l'aider à comprendre que le délai qu'il s'est fixé n'est pas si impératif que cela. Votre ami ne reprendra ses esprits que lorsque la menace immédiate de perdre ce qui lui est cher aura disparu.

L'attachement apparaît plus lentement que la colère, mais il s'incruste telle une tache d'huile sur un papier – il est très difficile de s'en débarrasser. La véritable bienveillance aimante se manifeste par le respect des autres, quelles que soient leurs dispositions mentales. Armé de ce respect affectueux, vous pouvez aider votre ami à rompre la corde de l'attachement, afin que vous puissiez tous deux vous en libérer.

44. CRÉATION

Les difficultés extérieures sont le reflet d'une stagnation intérieure qui résulte d'un attachement au passé. Pour créer du renouveau, il faut d'abord laisser se dissoudre ce qui a été.

Avez-vous eu du mal à lancer votre nouveau projet ? Avez-vous l'impression de vous heurter constamment à de hautes murailles ? Avant de redoubler d'efforts pour créer du renouveau, prenez le temps d'examiner la source de l'obstruction. L'ingrédient secret de la création, c'est en réalité la dissolution de ce qui a été. Si vous êtes réticent à recouvrir l'ancien tableau, il n'y aura guère de place pour une nouvelle image. S'accrocher à des méthodes familières réduit la possibilité d'en expérimenter de plus efficaces. Ne pas lâcher le passé constitue la source d'obstacles à la création d'une nouvelle vie. La source n'est pas externe. Les difficultés extérieures ne sont que le reflet d'une stagnation intérieure. La source des obstacles n'étant pas tarie, l'effort de création nouvelle ne peut qu'être porteur de déception. Au lieu de perdre confiance en votre projet, prenez le temps d'examiner les avantages et les inconvénients de la création d'une nouvelle vie. Veillez à prendre en compte le coût du démantèlement de l'ancienne. Ou peut-être des éléments du passé peuvent-ils décorer la nouvelle structure, afin de rassurer ceux qui ont encore besoin de reliquats de l'ancien temps ?

45. DISSOLUTION

La création d'hier disparaît, à l'image des empreintes de pas de la veille sur la plage. De nouvelles créations sont constamment générées aujourd'hui. Créez-vous chaque jour une vie nouvelle et lumineuse.

Tout comme la marée de la nuit efface les empreintes de pas sur la plage, toutes les créations d'hier sont vouées à disparaître. Ce qui reste, c'est le souvenir, la vidéo mentale qui a été conservée. Le château de sable sur la plage aujourd'hui est fraîchement construit ; bien qu'il ressemble à celui d'hier, ce n'est pas le même. Ceux qui prennent la vidéo mentale pour la réalité sont impressionnés par un château immuable et vivent donc dans les limites d'hier. Seuls ceux qui se lèvent systématiquement avant le soleil et qui poursuivent leurs observations tout au long de la journée connaissent le secret : une toile de sable frais nous est offerte pour peindre une nouvelle vie chaque jour. Alors, qu'allez-vous vous représenter aujourd'hui ? La même chose qu'hier ? En un peu plus sain et un peu plus beau qu'hier ? Ou allez-vous introduire les couleurs audacieuses des observations de la sagesse ?

46. GÉNÉROSITÉ

Il faut des soins habiles pour que le germe de la compassion devienne un arbre magnifique. Évaluez votre capacité à donner, puis prenez des mesures durables afin de développer cette capacité.

Qu'est-ce qu'un don généreux ? Cela ne dépend pas entièrement du montant du don. Si la personne A a donné un dollar et la personne B dix dollars, il peut sembler que le don de la personne B soit plus généreux. Toutefois, si la personne A ne dispose que de dix dollars et que la personne B possède un million de dollars, le don de la personne A apparaît alors plus généreux. Si la personne A a pratiqué la générosité avec diligence, mais que la personne B n'a jamais effectué de don auparavant, le don de la personne B est un pas plus audacieux vers la culture de la vertu.

Par conséquent, la sagesse en matière de don veut que l'on évalue sa propre capacité à donner et que l'on prenne des mesures durables pour développer cette capacité. Le germe de la compassion est si précieux qu'il faut le nourrir habilement pour qu'il devienne un arbre magnifique. Alors donnons-nous les moyens de nous entraîner à la vertu du don en formulant des vœux généreux à l'intention de tous les êtres sensibles. Souhaitons que tous les êtres sensibles atteignent le véritable bonheur de l'illumination. Avec cette motivation pure, accomplissons d'humbles gestes de générosité dans la vie quotidienne en donnant tout ce que nous sommes en capacité de donner, ou tout ce dont nous sommes prêts à nous séparer.

47. CONFIANCE

Pour que votre ami se confie à vous, il faut qu'il ait confiance. Soyez compatissant et ne portez pas de jugement.

Votre ami a besoin d'aide, mais il n'est pas disposé à en parler? Ce qui maintient une ligne de communication ouverte, c'est la confiance. Il faut de la confiance pour qu'une personne révèle ses difficultés et ses sentiments à une autre, car les gens se sentent blessés dès lors qu'ils sont jugés, surtout en cas de jugement négatif en public. La véritable attitude de non-jugement découle de la mentalité de grande compassion, qui perçoit tous les êtres sensibles comme étant de la même nature, et les traite donc avec équanimité. Cette attitude conduit à une discussion objective des faits, sans pointer du doigt les acteurs. Elle repose sur la sagesse selon laquelle chaque événement possède son propre ensemble de causes et de conditions, et ne peut donc pas être utilisé comme preuve que les acteurs de l'événement possèdent telle ou telle qualité intrinsèque.

48. PARDON

La relation qui dure toute une vie résulte de la magie du pardon, et non de l'absence de défauts chez les partenaires.

La séparation signifie rarement la fin d'une relation. Celui qui se soucie des autres reste toujours disponible. Garder rancune par orgueil relève de la puérilité. C'est un obstacle qui empêche de profiter des opportunités d'épanouissement réel. La maturité survient lorsque l'esprit de celui qui perçoit le concept s'ouvre au vaste espace de la bienveillance aimante. Cela permet de ne pas être blessé, car la véritable nature de l'esprit est la bienveillance aimante elle-même. Le fait que les sentiments blessants s'estompent avec le temps est dû à cette véritable nature de l'esprit. Nous en revenons toujours à la bienveillance aimante. Ceux qui cessent de faire confiance sont ceux qui laissent une empreinte ancienne marquer profondément leur esprit et ressassent ainsi constamment un passé qui n'existe plus. Rien n'est immobile, qu'il s'agisse des gens ou de l'environnement. En réalité, nous commençons chaque jour une nouvelle relation. Le moyen pour vous de revenir à la situation de vie actuelle est de faire taire les vieilles rengaines pour observer votre partenaire avec un regard neuf – ou, plus précisément, avec une nouvelle perspective de bienveillance aimante. C'est ainsi que l'on peut se traiter soi-même, et traiter son partenaire, avec indulgence.

49. ASPIRATION ÉCLAIRÉE

L'aspiration éclairée est la détermination à accéder à l'illumination parfaite et à conduire tous les êtres sensibles à cet état. Cette aspiration est l'élixir qui transforme une vie banale en un chemin qui mène au bonheur véritable.

La graine de l'aspiration éclairée, c'est la compassion qui réside dans nos cœurs. Nous ne pouvons pas supporter que nos proches souffrent, nous devons donc faire quelque chose pour soulager leurs souffrances. Cette graine de compassion se transforme en grande compassion une fois qu'elle est nourrie par la sagesse de l'équanimité – en percevant la vérité du fait que tous les êtres sensibles ont un jour été nos proches et nous ont protégés dans de nombreuses vies antérieures. Ce germe de grande compassion se transforme en arbre géant, nourri par l'aspiration à rendre la bonté de nos mères des êtres sensibles et par la sagesse que tous nos proches souffrent du cycle sans fin de la naissance, du vieillissement, de la maladie et de la mort. Notre désir ardent de libérer immédiatement nos êtres chers de cette souffrance nous pousse à nous donner la capacité de libérer tous les êtres sensibles de toutes les souffrances. Cette capacité, c'est l'état d'éveil parfait.

50. ÉMANCIPATION

Si l'illumination totale semble être une utopie, pourquoi ne pas s'en rapprocher le plus possible, petit à petit ? La meilleure récompense pour votre précieuse vie humaine, c'est de se rapprocher de l'illumination parfaite et de prendre conscience du véritable bonheur qu'elle procure.

Ce que nous contemplons, discutons et pratiquons chaque jour se rapproche de notre cœur. Chaque action compte. Par conséquent, si nous nous dirigeons dans la bonne direction, celle du bonheur véritable, même si nous avançons à petits pas, nous nous en rapprocherons et serons de plus en plus heureux. La bonne démarche consiste donc à fixer nos yeux sur le but de l'illumination et à prendre d'humbles mesures pour accumuler des mérites, où que nous soyons. Si nous persévérons patiemment, pas à pas et seconde après seconde, nous sommes assurés de l'atteindre. Il s'agit d'un cheminement graduel mais clairement enseigné, avec de nombreux apprentissages à savourer en cours de route.

51. MENTALITÉ

Les fruits de la mentalité égocentrique sont un esprit et un corps sujets à la souffrance. Les fruits de la mentalité de grande compassion sont un esprit et un corps parfaits qui goûtent au bonheur. Construisez-vous une vie épanouie à travers la transformation mentale.

Quand notre esprit se trouve dans un état vertueux, l'énergie du vent dans notre corps devient positive et nourrissante. Ainsi, la contemplation de l'aspiration éclairée constitue en elle-même la source suprême d'énergie positive. On ressent une certaine lassitude dès lors que l'esprit se détourne de la grande compassion et retombe dans la mentalité d'autosatisfaction, avec des images négatives de son propre corps. L'attitude correcte pour le renouveau découle de l'intention éclairée d'auto-émancipation : « Je dois devenir plus sain physiquement et mentalement afin de pouvoir travailler correctement au bien de tous les êtres sensibles. » La différence est qu'avec une attitude d'émancipation, l'esprit a une image positive de lui-même œuvrant à devenir plus sain ; avec une attitude d'apitoiement, l'esprit a une image négative de son propre corps, saturé de souffrance et de fatigue. Quand l'esprit est pur et innocent, l'image que nous nous faisons de nous-mêmes prend forme. C'est pourquoi il est bénéfique de visualiser l'image vertueuse d'un bouddha et de contempler l'aspiration éclairée d'un bouddha pendant la méditation. En fait, le secret pour maintenir notre corps et notre esprit en parfait état est, dans les moments agréables, de souhaiter que tous les êtres sensibles jouissent d'un tel bonheur et, dans les moments douloureux, de souhaiter que tous les êtres sensibles soient libérés d'une telle souffrance.

52. TRANSFORMATION

La mentalité égocentrique ne peut conduire au bonheur. Pour atteindre le véritable bonheur, il faut abandonner la mentalité égocentrique et adopter une mentalité de l'aspiration éclairée.

Avec une mentalité égocentrique, il est impossible d'atteindre l'objectif de se rendre heureux. Les visées triviales du bonheur consistent à accumuler toujours plus de richesses matérielles et à acquérir un statut social plus élevé, afin de pouvoir profiter de choses plus agréables dans la vie et de susciter ainsi l'admiration d'autrui. Toute action dictée par ces motivations superficielles est vouée à attirer de plus en plus d'ennemis par la jalousie et les conflits d'intérêts, tout en repoussant tous nos amis vertueux. Avec de moins en moins d'occasions d'accomplir des actions vertueuses, les mérites d'une personne s'épuiseront rapidement et elle tombera dans la misère par manque de mérites. À l'inverse, avec l'aspiration éclairée, on se consacre à travailler au bien-être d'autrui. Les actions menées par une motivation aussi pure sont vouées à générer de plus en plus d'amitiés vertueuses et à éloigner les amis qui ne le sont pas. En multipliant les occasions d'accomplir des actions vertueuses, on accumule des germes abondants de bonheur futur. C'est pourquoi, en réponse à l'appel des êtres sensibles soucieux de leur propre bonheur et de celui des autres, le Bouddha nous a enseigné la voie permettant d'accéder au plein éveil pour le bénéfice de tous les êtres sensibles.

GLOSSAIRE

Actions vertueuses/non vertueuses

Les pensées, paroles et autres gestes corporels accomplis sous l'influence d'une intention compatissante et d'autres facteurs mentaux vertueux sont vertueux. Ces actions ont pour effet que l'être sensible qui les accomplit fera l'expérience du bonheur à l'avenir.

Les actions accomplies sous l'influence de l'ignorance, de l'aliénation et de la haine sont non vertueuses. Les actions non vertueuses ont pour effet que celui qui les accomplit éprouvera de la souffrance à l'avenir.

Agrégats

Les cinq agrégats sont la forme, les sensations, les perceptions, les formations mentales et la conscience. Le premier agrégat, la **forme**, c'est l'aspect physique d'un être. Les **sensations**, les **perceptions** et la **conscience** sont des aspects mentaux de l'être. La plupart des **formations mentales** appartiennent également à l'aspect mental. Sur la base d'un ou de plusieurs de ces agrégats, un être sensible établit un « moi » ou un « soi ».

Par exemple, certains êtres sensibles se font une idée du « moi » à partir du corps physique. D'autres imputent un « moi » à la conscience mentale. D'autres encore se font une idée du « moi » à partir de l'ensemble des cinq agrégats. Selon le principe de la « sagesse bouddhiste de la Voie du Milieu », tel qu'il a été clarifié par le Maître Nagarjuna, les cinq agrégats sont vides de toute nature intrinsèque et prennent naissance instant après instant en raison de causes et de conditions spécifiques. Ainsi, un être sensible – en tant qu'imputation basée sur les agrégats – est libre de toute qualité intrinsèque et s'élève plutôt dans l'existence d'instant en instant en raison de causes et de conditions spécifiques (karma et effets). Par conséquent, un être sensible est capable de purifier ses agrégats par son choix d'action dans le moment présent, et d'évoluer vers les agrégats purs d'un bouddha.

Bouddha

L'état de bouddha atteint par un être sensible après la purification complète de deux souillures : les afflictions mentales et l'obscurcissement de la perception. La première souillure comprend les afflictions telles que l'ignorance, l'aliénation, la colère, l'orgueil, la jalousie et le doute. Avec la purification de la première souillure, les actions de l'être sensible ne sont plus contrôlées par ces afflictions et n'accumulent donc plus le karma conduisant au cycle de la naissance, du vieillissement, de la maladie et de la mort. La deuxième souillure consiste en l'obscurcissement de la véritable nature de l'existence. Avec la purification de la deuxième souillure, l'être sensible se libère de toute tendance, même subtile, à ce que ces afflictions surgissent à son esprit.

Bouddha Shakyamuni

Le Bouddha Shakyamuni est le Bouddha de notre monde et de notre époque. Cela est établi au sens où le Bouddha Shakyamuni a atteint la pleine illumination il y a environ deux mille cinq cents ans en Inde, et que ses enseignements sont toujours pratiqués de nos jours à travers le monde.

Disposition mentale

La disposition mentale d'un être sensible fait référence à ses croyances et à ses habitudes mentales formées par l'apprentissage, l'expérience et les choix d'action passés. La disposition mentale d'une personne influe sur le choix de ses actions lorsqu'elle est confrontée à des influences vertueuses et non vertueuses. Les enseignements du Bouddha ne contiennent pas moins de 84 000 pratiques différentes pour conduire les êtres sensibles ayant des dispositions mentales différentes au même état ultime de pleine illumination.

Effets concordants sur le plan causal

Les effets concordants du karma sur le plan causal sont ceux qui influencent les conditions de vie dans lesquelles une personne naîtra : par exemple, sa durée de vie, son état de santé, sa richesse, ses facultés, etc. Les actions vertueuses conduisent à une bonne santé, à une durée de vie plus longue, à l'absence de mort prématurée (décès avant d'avoir atteint l'espérance de vie), à une certaine prospérité, à des facultés mentales et sensorielles aiguisées, etc. Les actions non vertueuses conduisent à l'inverse.

Effets de fructification

Les effets de fructification du karma sont les effets qui influencent le type de corps dans lequel un être sensible naîtra dans une vie future. Il existe six royaumes ou six types de corps dans lesquels il est possible de naître : dieu, demi-dieu (belliqueux), humain, animal, esprit affamé et être en enfer. Les actions vertueuses conduisent à la réincarnation dans les royaumes supérieurs des dieux, des demi-dieux et des humains. Les actions non vertueuses conduisent à la réincarnation dans les royaumes inférieurs des animaux, des esprits affamés et des êtres en enfer.

Effets environnementaux

Les effets environnementaux du karma sont ceux qui influencent le type d'environnement dans lequel une personne naîtra – par exemple, la richesse d'une terre, l'état du paysage, la teneur en nourriture et en médications, les conditions météorologiques, la propreté de l'environnement, etc. Les actions vertueuses permettent de renaître dans un environnement agréable et opulent. Les actions non vertueuses conduisent à la renaissance dans des milieux de vie médiocres et défavorisés.

Énergie du vent

L'énergie est indissociable de chaque pensée ou sentiment. En d'autres termes, il faut de l'énergie pour penser ou ressentir. L'énergie du vent est associée aux changements dans les activités mentales telles que les pensées et les sentiments. À un niveau plus profond, l'esprit lui-même est à la fois cognition et luminosité, ce qui signifie qu'il possède l'intelligence et l'énergie nécessaires pour former un objet mental, ainsi que pour déterminer ce qu'est cet objet. Le « vent » est le mouvement ou le changement de l'énergie mentale au fur et à mesure que la formation mentale et la cognition de la formation mentale changent.

Enseignements du *mahayana*

La voie de la pratique bouddhiste pour les êtres sensibles qui aspirent à atteindre le plein éveil pour le bénéfice de tous les êtres sensibles s'appelle la « voie du *mahayana* ». Les enseignements du *mahayana* concernent la voie du *mahayana*.

Équanimité

L'aspect cognitif de l'esprit primordial fonctionne comme un miroir, montrant ce qui se trouve devant lui précisément et clairement tel qu'il est – c'est ce que l'on appelle la « sagesse du miroir ». À ce niveau profond, l'esprit perçoit tous les phénomènes comme étant de la même nature, tels qu'ils sont : une formation de l'esprit. C'est la sagesse de l'équanimité. Cette perception est généralisée et omniprésente, comme un espace ouvert sans centre ni bord.

Les choses ne deviennent inégales qu'au niveau conceptuel, avec une conception ignorante innée. Une telle conception est menée en relation avec une perspective centralisée du « moi ». À ce niveau, l'« équanimité » renvoie à l'idée que tous les êtres sensibles sont égaux au moins dans les sens suivants :

- Tous les êtres sensibles ont le même état d'esprit naturel qui ne peut être entaché de façon permanente.
- Tous les êtres sensibles possèdent la graine de la compassion.
- Tous les êtres sensibles apprécient le bonheur, au sens de l'aisance mentale et physique.
- Tous les êtres sensibles évitent la souffrance, au sens de la perception mentale et physique de la douleur.
- Tous les êtres sensibles expérimentent les effets de leurs actions vertueuses et non vertueuses.

Dans le contexte de la concentration méditative, l'équanimité fait référence à l'équilibre de l'esprit, exempt d'excitation mentale et de monotonie.

Esprit conceptuel

L'esprit conceptuel est établi lorsque nous nommons un objet parce qu'il remplit une fonction utile par rapport à l'esprit qui le perçoit, qui est maintenant établi en tant que « moi ». Notre ignorance innée considère que celui qui perçoit est indépendant de l'objet observé. La personne qui perçoit, intrinsèquement existante, « je », donne alors un nom à chaque objet et spécifie comment ces objets sont liés les uns aux autres et en quoi ils sont utiles à « moi ». Un réseau d'élaboration s'ensuit, formant habituellement un jugement sur tout et sur tout un chacun à partir de cette perception centralisée de « moi ». Il s'agit là d'une activité mentale au niveau conceptuel, fondée sur l'ignorance.

Notre ignorance fondamentale consiste à considérer ce « moi » comme une entité indépendante. Cela nous incite à développer une attitude de suffisance et d'autosatisfaction.

En réalité, l'existence de celui qui perçoit, « moi », dépend de l'objet d'observation. La personne qui perçoit et le perçu apparaissent et disparaissent de manière interdépendante et simultanée. Ainsi, pour chaque objet d'observation, une personne différente qui perçoit apparaît – en fonction de l'objet d'observation. La nature du « moi » assumé par un tel personnage évolue donc à chaque instant, en fonction des causes et des conditions.

Esprit très subtil

Il s'agit de l'état d'esprit libre de toute formation mentale, de l'esprit dans son état naturel, ou de l'état de l'esprit au-delà des pensées, des sentiments et de la conscience.

Lorsqu'un être sensible naît dans un corps, une graine de cet état d'esprit naturel est préservée dans le centre du cœur du canal central. On appelle cette graine « goutte indestructible ». Cet esprit se manifeste brièvement lorsque l'esprit quitte le corps au moment de la mort. À ce moment-là, l'être fait l'expérience de l'« esprit de Claire Lumière » qui peut percevoir la véritable nature de l'existence. Cependant, seul l'esprit entraîné à identifier l'esprit de Claire Lumière est en capacité de le reconnaître et ainsi de bénéficier de l'expérience.

Êtres sensibles

Les êtres sensibles sont des êtres vivants, dotés d'une conscience et de sensations. Par rapport à l'état d'éveil d'un bouddha, les êtres sensibles sont ignorants de la véritable nature de l'existence et commettent donc un karma négatif – des actions mentales, verbales et physiques basées sur des informations erronées et conduisant ainsi à la souffrance. Les bouddhas et leurs disciples (bodhisattvas), en revanche, n'agissent que par grande compassion pour tous les êtres sensibles en raison de leur vision correcte de la réalité.

Existence au niveau basique

Il s'agit de l'état d'esprit dans lequel un être sensible s'implique dans des activités mentales, verbales et physiques élaborées. À ce niveau, le mouvement de l'énergie du vent est comme un océan avec de grandes vagues.

Facteurs mentaux

Pour que l'esprit forme une action, il faut qu'un certain nombre d'éléments mentaux fonctionnent simultanément. Il doit y avoir un « esprit primordial » qui appréhende la simple entité de l'objet de l'engagement. L'esprit primordial doit être accompagné de divers facteurs mentaux définis comme « l'aspect de la conscience qui est en prise avec son objet et avec différentes fonctions de la conscience ». Par exemple, au moment où une mère décide de nourrir son bébé, il existe un esprit primordial qui saisit la question de savoir si le bébé a besoin d'être nourri. Cet esprit primaire s'accompagne d'au moins six facteurs mentaux :

- **Les sensations,** qui supposent l'expérience du plaisir, de la douleur ou de la neutralité ;
- **La discrimination,** qui a pour fonction de comprendre les signes ou caractéristiques peu communs d'un objet, afin de distinguer un objet donné d'autres phénomènes ;
- **L'intention,** qui dirige l'activité de chacun des autres facteurs de l'esprit primordial par rapport à l'objet ;
- **Le contact,** qui donne lieu à des changements sensoriels pour les trois sortes de sensations en entrant en contact avec l'objet, la force des sens et la conscience ;

- **L'attention,** qui dirige l'esprit vers l'objet particulier de l'observation ;
- **L'innocuité,** qui permet à l'esprit de s'abstenir de toute action physique, verbale ou mentale qui serait nuisible. C'est la nature même de la compassion.

Les cinq premiers sont des facteurs mentaux omniprésents qui accompagnent chaque esprit primordial. Ces cinq facteurs mentaux sont neutres ; quant au facteur mental « innocuité », il fait partie des 11 facteurs mentaux vertueux. Au total, il existe 51 facteurs mentaux, selon les textes bouddhistes.

Karma

Le karma est une action. Toutes les actions entraînent des expériences futures ou des « effets karmiques » pour leurs auteurs : c'est la loi du karma. Un chemin d'action complet comporte quatre aspects : la base, l'attitude, l'action et l'aboutissement.

Par exemple, le chemin de l'action physique consistant à sauver une vie comporte les quatre éléments suivants :

- **Base :** la base du sauvetage d'une vie est un être vivant qui se trouve en danger.
- **Attitude :** en percevant de façon adéquate que l'être vivant est un être dont la vie est en danger, on génère le désir de sauver la vie de cet être vivant, car on est motivé par la compassion ou la grande compassion.
- **Action :** pour sauver une vie, il faut soit agir soi-même, soit faire en sorte que quelqu'un d'autre agisse en ce sens.
- **Aboutissement :** la vie de l'être vivant n'est plus en danger.

Quant au chemin d'action d'une pensée bienveillante, il comporte les quatre éléments suivants :

- **Base :** la base d'une pensée bienveillante est un être vivant vers lequel on peut avoir une pensée bienveillante.
- **Attitude :** avec une perception adéquate, motivée par la compassion ou la grande compassion, on génère le désir, par exemple, d'encourager ou de réconforter l'être vivant, en pensant à des choses telles que : « Comme ce serait bien si cet être-là était plus confiant ou plus joyeux. »
- **Action :** la performance consiste à former cette pensée.
- **Aboutissement :** l'aboutissement est une détermination ou une décision de faire quelque chose pour encourager ou réconforter l'être vivant.

Mérites

Il s'agit de la bonne fortune accumulée grâce à des actions vertueuses. L'accomplissement des efforts pour atteindre la richesse matérielle, la santé, la longévité, la concentration mentale, la stabilité spirituelle, la conduite morale pure, la réalisation de la sagesse, etc., dépend des mérites spécifiques accumulés.

Les trois éléments clés pour générer des mérites suprêmes et incommensurables sont, avant tout, la **motivation altruiste**, suivie par des **actions qui bénéficient à tous les êtres sensibles**, elles-mêmes complétées par la **dévolution des mérites** créés à l'illumination de tous les êtres sensibles immédiatement après l'accomplissement des actions vertueuses.

Méritoire

Les intentions et les voies d'action vertueuses sont qualifiées de « méritoires » parce qu'elles génèrent des mérites pour leur auteur.

Omniscience

Il s'agit de la capacité d'un esprit pleinement éclairé qui accède à la connaissance totale. Seul un bouddha pleinement illuminé possède une vue sans entrave sur la réalité, est illimité dans le temps et l'espace, et peut percevoir les causes et les conditions spécifiques de tous les phénomènes.

Pouvoir sensoriel mental (ou pouvoir du sixième sens)

Les six sens sont la vue, l'ouïe, l'odorat, le goût, le toucher et le mental. Les cinq premiers pouvoirs sensoriels sont associés au corps physique. Le sixième pouvoir sensoriel – le « pouvoir sensoriel mental » – est associé à l'esprit. Les objets qui apparaissent aux cinq premiers sens sont respectivement la forme visuelle, le son, l'odeur, le goût et le toucher. Les objets qui apparaissent au pouvoir sensoriel mental sont des objets ou des phénomènes mentaux, tels que l'image d'un bouddha visualisée durant la méditation. Chacune des six forces sensorielles possède ses propres objets de perception. Par exemple, ce qui peut être perçu par les yeux (formes et couleurs) ne peut l'être par les oreilles.

À chaque force sensorielle correspond une « conscience sensorielle ». Il existe donc six consciences sensorielles : la vue, l'ouïe, l'odorat, le goût, le toucher et la conscience mentale (ou sixième conscience sensorielle). Ces consciences sensorielles s'emparent des objets perçus par les pouvoirs sensoriels sous la forme d'objets mentaux et les envoient à la conscience mentale (ou sixième conscience) afin qu'ils soient traités – enregistrés, classés, comparés et analysés.

Temps sans commencement

Le « temps sans commencement » fait référence à la nature omniprésente de l'esprit. Les perceptions et les sensations sont des activités de l'esprit, et non l'esprit lui-même. L'esprit lui-même est à la fois cognition et luminosité (énergie). Les pensées, les sentiments, etc., sont des événements ponctuels qui se forment dans l'esprit en raison de causes et de conditions. La notion de temps est établie lorsque plusieurs événements se succèdent. Un événement qui s'est produit est dit « passé » ; un événement qui se produit maintenant est « présent » ; un événement qui adviendra lorsque certaines causes et conditions seront réunies est dit « futur ».

L'esprit est sans commencement, ou omniprésent, parce que chaque fois qu'il y a cognition ou conscience, il y a esprit.

Trois Joyaux du Bouddha, du dharma et de la sangha

Le dharma désigne la sagesse, les voies et les pratiques qui conduisent au bonheur véritable de l'illumination totale. Le Bouddha est l'enseignant qui fait la démonstration du dharma par grande compassion pour tous les êtres sensibles. Sangha est le nom que l'on donne aux disciples avancés de Bouddha, qui ont atteint la perception directe de la véritable nature de l'existence.

Pour connaître le véritable bonheur et être libéré de toute souffrance, il faut accéder à la conscience de la véritable nature de l'existence, telle qu'enseignée par le Bouddha. Cette prise de conscience peut s'atteindre avec l'aide de la sangha, qui a fait l'expérience de telles connaissances par sa pratique du dharma. Parce que le Bouddha, le dharma et la sangha offrent un refuge aux êtres sensibles en quête de bonheur, on les appelle les Trois Joyaux.

Vajra

Le *vajra* est un éclair, souvent à cinq branches : un au centre et un dans chacune des directions cardinales. Il symbolise la stabilité mentale, l'immuable ou l'inébranlable. Cette conviction immuable dans l'esprit s'établit en observant la vérité à la fois à travers l'analyse intellectuelle et par l'expérience directe.

Références

Aryadeva, *Les Stances fondamentales de la Voie médiane*, Padmakara, 2008.

Lama Tsong Khapa, *Le Grand Livre de la progression vers l'éveil*, Dharma, 1999.

Lama Tsong Khapa, *The Three Principal Aspects of the Path.*

Lati Rinpoché et Elizabeth Napper, *Connaître l'esprit selon le bouddhisme tibétain*, éditions Vajra Yogini, 2002.

Nagarjuna, *Mulamadhyamakakarika.*

Sa Sainteté, le quatorzième Dalaï-Lama, *Activating the bodhichitta and a Meditation on Compassion.*

Sa Sainteté, le quatorzième Dalaï-Lama, *Stages of Meditation: Training the Mind for Wisdom* (Commentaire sur *Les Étapes de la méditation de Kamalashila*, Points, 2007).

Shantideva, *La Marche vers l'éveil*, Padmakara, 2008.

Mantra de la Compassion

ཨོཾ་མ་ཎི་པདྨེ་ཧཱུྃ།

OM MANI PEME HUM

Mantra de la Grande Compassion

ན་མོ་རཏྣ་ཏྲ་ཡཱ་ཡ།

ན་མཿ ཨཪྻ་ཛྙཱ་ན་སཱ་ག་ར།

བཻ་རོ་ཙ་ན་བྱཱུ་ཧ་རཱ་ཛཱ་ཡ།

ཏ་ཐཱ་ག་ཏཱ་ཡ།

ཨརྷ་ཏེ་སམྱཀྶཾ་བུདྡྷཱ་ཡ། ན་མཿ

སརྦ་ཏ་ཐཱ་ག་ཏེ་བྷྱཿ ཨརྷད་བྷྱཿ

སམྱཀྶཾ་བུདྡྷེ་བྷྱཿ ན་མཿ

ཨཪྻ་ཨ་ཝ་ལོ་ཀི་ཏེ་ཤྭ་རཱ་ཡ།

བོ་དྷི་སཏྭཱ་ཡ། མཧཱ་སཏྭཱ་ཡ།

མཧཱ་ཀཱ་རུ་ཎི་ཀཱ་ཡ། ཏདྱ་ཐཱ།

ཨོཾ་དྷ་ར་དྷ་ར། དྷི་རི་དྷི་རི།

དྷུ་རུ་དྷུ་རུ། ཨིཊྚེ། ཝཊྚེ།

ཙ་ལེ་ཙ་ལེ། པྲ་ཙ་ལེ་པྲ་ཙ་ལེ།

ཀུ་སུ་མེ། ཀུ་སུ་མེ།

ཝ་རེ་ཨི་ལི་མི་ལི།

ཙི་ཏི་ཛྭ་ལ་མཱ་པ་ན་ཡེ་སྭཱཧཱ།

NAMO RATNA TRA YA YA/ NAMA ARYA JANA SAGARA/ VAIROCHANA VYUHA RAJAYA/ TATHAGATAYA/ ARHATE SAMYAK SAM BUDDHAYA/ NAMA SARVA TATHAGATE BAYE ARHATE BAYE/ SAMYAK SAM BUDDHE BAYE/ NAMO ARYA AVALOKITE SHORAYA/ BODHI SATTVAYA/ MAHA SATTVAYA MAHA KARUNI KAYA/ TEYATHA/ OM DHARA DHARA/ DHIRI DHIRI/ DHURU DHURU/ ITTE VATTE/ CHALE CHALE/ TRACHALE TRACHALE/ KUSUME KUSUME VARE/ ILI MILI/ CHITI DZOLA MAPANAYE SVAHA

Pour accéder à un enregistrement audio du mantra de la Compassion ou du mantra de la Grande Compassion, pointez l'appareil photo de votre téléphone sur les QR Codes ci-dessous et suivez les instructions.

Mantra de la Compassion

Mantra de la Grande Compassion

À PROPOS DE LAMA TENDAR

Lama Tendar est un moine bouddhiste tibétain depuis l'âge de 12 ans. Il a reçu de ses maîtres, qui appartiennent à une lignée ininterrompue du dharma, des enseignements authentiques quant à la pratique sacrée du Tantra Yoga le plus exigeant. Lama Tendar a étudié pendant huit ans au monastère de Gyuto Ramoche à Lhassa, où il s'est formé auprès de son professeur, un véritable guérisseur tibétain. Lama Tendar a ensuite poursuivi ses études au monastère de Gyuto, en Inde, durant seize années, au cours desquelles il est devenu un enseignant certifié en bouddhisme *mahayana*.

Lama Tendar est le fondateur du Medicine Buddha Tantrayana Meditation Centre (medicinebuddhacentre.net) et de la Shantideva Buddhist Foundation. Depuis qu'il s'est installé à Melbourne au début des années 2000, il voyage dans toute l'Australie pour enseigner le dharma bouddhiste et procurer des soins à de nombreuses personnes et à des groupes communautaires. Il offre sa vie pour le bien de tous les êtres sensibles par la pratique de la sagesse et de la compassion.

À PROPOS D'ANI DECHEN

Ani Dechen est titulaire d'un doctorat en économie du développement de l'Australian National University et a poursuivi une carrière universitaire pendant plus de vingt-cinq ans. En quête de bien-être spirituel, elle s'est formée au reiki avec Martine Salerno de 2005 à 2006. Depuis 2007, elle étudie le bouddhisme sous la guidance de Lama Tendar. Alors qu'elle s'occupait de son père, décédé en 2011, elle a découvert le pouvoir de la pratique bouddhiste en tant que source fiable de soutien spirituel pour les personnes traversant un cercle vie-mort. En 2014, elle s'est installée en tant que naturopathe. En cherchant des réponses aux problèmes de santé physique et mentale de ses clients, Ani Dechen a découvert que le bouddhisme était une mine d'or pour la science d'une vie épanouie. En 2017, elle a été ordonnée nonne bouddhiste dans la lignée de la tradition bouddhiste tibétaine. C'est ainsi qu'a commencé sa quête de transformation mentale au profit de tous les êtres sensibles. Elle est très reconnaissante envers tous ses enseignants spirituels pour leurs conseils empreints de compassion, leurs soins et leurs généreux enseignements de sagesse.